決闘のヨーロッパ史

浜本隆志　菅野瑞治也 著

河出書房新社

まえがき

決闘はこれまで伝説的に語られてきたが、ヨーロッパではその主役は貴族や青年将校などエリートが多かった。鉄血宰相として名高いビスマルクの決闘をめぐる学生時代の武勇伝は、一説には二五回を数えるという。また文豪ゲーテも決闘を行ったのは事実であり、決闘で命を落としたのは社会活動家ラサールが有名であるが、さらにロシアの国民的詩人のプーシキンも三七歳で決闘により死んでいる。このように決闘の話は、伝説やエピソードとして断片的に知られているにもかかわらず、これまで法制史からのアプローチはあるが、歴史家や社会学者が、決闘の問題を正面から採り上げることはほとんどなかった。

もちろん好事家が決闘を話題にしたり、文学作品の中へそのシーンを組み込んだりすることはあった。しかしエピソードとしての決闘が独り歩きし、その実像はヨーロッパでも、これまではっきりしていなかった。ところが、なぜ人びとが決闘に血道を上げてきたのか、その社会的背景に踏み込んでみると、当時の社会規範、統治などの支配構造、宗教・倫理観などの多様なファクターが絡み合っていることがわかる。本書はその視点から、一種の社会文化史としてヨーロッパの決闘史の実態を古代から中世、近代にいたるまで、系統的に追究したものである。

たとえば決闘を冷静に分析すると、正邪の判定、名誉の回復、闘争心、神判などの多様な個人的、社会的側面がクローズアップされる。それは宗教、政治、社会の規範などと深くかかわっていることがわかる。決闘では公平なルールや介添え人を取り決め、剣やピストルなど同じ武器の使用を申し合わせる。公開から非公開で私闘として行われるものまで多様である。かつては神が下す裁定、すなわち神判や、法的裁判の一種である決闘裁判のかたちをとるものもあった。

中世では騎士、貴族たちが騎士道精神を社会規範にしたので、決闘が広がり、いわゆる「決闘文化」が一世を風靡《ふうび》した。ノブレス・オブリジュ（貴族は貴族らしく）が決闘でも名誉を維持するものとして、社会のバックボーンとみなされた。その意味では、決闘は封建体制の社会規範を補完する役割を果たしていたともいえよう。民衆もそれが公開であれば一種のエンターテインメントとして、祭りのイベントのように決闘を見物した。しかし近代になるとその野蛮性が批判され、とくにキリスト教側や啓蒙君主など、宗教者や為政者の側から禁止されるケースが増えていった。その後、立憲主義において決闘が合法から非合法になっても、それは非公式に私闘化され、存続し続けた。

ただし近代では決闘は過去の遺産となり、その代替措置として二つがクローズアップされるようになった。ひとつは法的な裁判制度である。名誉毀損をはじめ紛争は、検事や弁護士と裁判官という制度によって裁くことが通常となった。法律が最高の社会規範となったからである。なお決闘から分化した形態の裁判制度は、本書では法律の分野であるので必要最小限に触れることにした。

もうひとつは、闘争心や勝負ごとはスポーツで代替するようになり、決闘は分化・解体されていった。本書の後半のテーマとして決闘のスポーツ化を採り上げたが、タイトルの『決闘のヨーロッパ史』は、スポーツへの転化も包括するものである。もちろん野蛮な決闘は消滅したが、紛争がすべて、この二つの裁判やスポーツに代替・解消されたわけではない。

紛争の最大のものはいうまでもなく戦争である。それは個人ではなく国家ないし集団勢力という主体が異なるが、決闘と戦争は根底において武力を用いて紛争解決を図るという意味において、やはり共通する特徴を持つ。決闘は過去のものになったが、古代から現代まで戦争が紛争解決の手段として存続し、消滅することがなかった。ただ本書において検討する決闘の抑制や禁止の取り組みから、それが戦争をなくする方策の一助になればと思う。

本書の具体的な内容として、まず前半において第一章では総論的にヨーロッパの決闘史を概観し、決闘が古代から近代にいたるまでどのような歴史的プロセスを経てきたのかを見ていく。ここからも決闘は貴族やエリートたちの名誉毀損に対する解決方法であったことが理解できようが、しかしそれはヨーロッパ規模においては同一ではなく、国や地域ごとに大いに異なるものであった。その地域性、国情もあわせて概観していく。

本来、アメリカの決闘史は本書の範疇から外れるが、日本で決闘といえば西部劇を連想する人が多い。そのためにヨーロッパの決闘史の最後に、補遺としてアメリカの決闘の特色と「西部劇の虚像と実像」、「決闘を繰り返したアメリカ大統領」などを追加することにした。アメリカは建国時に王侯貴族はいなかったが、統治機構が整備されていなかったので、私闘や決闘が多かったという社会背景も理解されよう。

第二章ではローマ・カトリックにおける決闘批判や王侯、さらには啓蒙君主による支配者側の決闘撲滅運動の流れをたどる。このような宗教的倫理や政治による度重なる禁止令にもかかわらず、ヨーロッパでは決闘が不死鳥のようによみがえった。それでもヨーロッパを俯瞰してみれば、イギリスでは資本主義が早く勃興し、貴族に代わってブルジョワジーが台頭したので、他国より決闘は早く終焉した。かれらのなかには貴族にあこがれるものもいたが、多くは野蛮な決闘を好まなかった。それにもかかわらず近代になっても、フランスやドイツでは決闘が興隆したが、その禁止と決闘の流行という確執の根底に、一体何があったのだろうか、第二章ではこれらの問題の実態を掘り下げたい。

第三章では、ドイツの学生結社のメンズーア（真剣を用いた決闘）や将校の決闘を採り上げる。近代ドイツは決闘がもっとも盛んな国であったが、一八世紀から一九世紀にかけてゲーテ、ラサール、ビスマルクなど有名人がどのように決闘にかかわったかを具体的に見ていく。ここにドイツ的特質が色濃くあらわれているが、その考察によって、保守的なドイツの特性と、現在でもメンズーアが継承されている理由が明らかになるだろう。

さて後半の第四章では、決闘からスポーツへというテーマで、どうしてヨーロッパで決闘が衰退し、それに代わってスポーツが広まっていったかを、古代までさかのぼって考察する。近代になると名誉や人権の毀損は法的に裁かれるようになり、貴族のプライドももうほとんど意味をなさなくなってきた。貴族や伝統のしがらみを引きずっていたヨーロッパでも、決闘はアウトローの対決であるので、否定されるようになった。多くの諸外国でも同様であって、ドイツの学生結社内での条件付き容認という例外はあるが、決闘は犯罪となっていく。

やがて決闘と入れ替わるように、スポーツが興隆する。ヨーロッパで剣による決闘のスポーツ化といえば直接的にはフェンシングに、ピストルによるものは射撃などに変貌していく。しかしそれとは別に、イギリスの土着のローカルなスポーツであったフットボール、テニス、クリケットなどの球技も、俯瞰的に見れば決闘からスポーツへの流れの中に位置づけられる。たしかにスポーツは決闘の野蛮性を排除しているとはいえ、勝負を決するという意味において、決闘ときわめて類似しているからである。いわばスポーツは決闘の野蛮な暴力性を、ルールによってコントロールしようとした、近代人の知恵ともいえる。

イギリスでルール化された近代スポーツが地域行事、学校教育を経てグローバル化する。現代の人気あるイベントに発展したプロセスは、議会制民主主義、大英帝国として世界に君臨したイギリスの植民地主義が深くかかわっている。世界の人気スポーツ種目がイギリスをルーツにしているのも、歴史的に裏づけられる。こうしてスポーツはイギリスの植民地であったアメリカ、オーストラリア、インドなど各地へ拡がっていった。

第五章では現在、全盛期を迎えているスポーツがなぜ人びとを熱狂させるのかを、劇場型スポーツという視点から分析する。この劇場型スポーツの典型例はオリンピックである。古代でもそうであったが、近代オリンピックはアスリートだけでなく、観客を巻き込んだ巨大なスポーツの祭典となった。ここには多くのファクターが内在しており、その分析においては、スポーツの領域を越えた社会学、政治との関係についても触れなければならない。

ただし本書では、現在までスポーツ論ではあまり採り上げられてこなかった、ドラマの視点から劇場型スポーツを考察する点に特色を持つ。とくにスポーツのフィールドが劇場と類似し、俳優になぞらえられるアスリートの演技や闘いが観客と一体化するという、劇場型スポーツの構造がある。これがスポーツの魅力の根源であり、熱狂、感激、スポーツマンシップなどが、観客に作用を及ぼすといえよう。

以上のスポーツをめぐるグローバルな問題については、エリアスとダニングが『スポーツと文明化――興奮の探求』の中で先行研究を行っているが、このスポーツの社会学的研究を念頭に置きつつ、本書は決闘からスポーツへの転化の問題に切り込んでいきたい。プリミティヴであるが、あまり正面切って考えられてこなかった決闘やスポーツの諸現象を明らかにすることができれば幸甚である。

浜本隆志

もくじ

決闘のヨーロッパ史

プロローグ　ドイツにおける決闘体験記

真剣による決闘

衝撃的な事実であるが、ドイツやオーストリアでは二〇二〇年代の今日でもなお、鋭利な真剣を用いた決闘が一部の学生の間で平然と行われている。決闘といえば、二人の男が十数メートル離れて、交互に、あるいは、同時にピストルを発砲するようなシーンを思い浮かべるかもしれない。しかし、「メンズーア」（九三ページ参照）と呼ばれるこの学生の決闘では、刃渡り約九〇センチの鋭い真剣を片手に持って、おたがいの顔と頭を正面から斬りつけるのである。しかも、相手の攻撃をかわすために、フットワークを使ったり、顔をのけぞらせたりすることは一切許されず、わずか一メートル位の距離で直立して向かい合ったままビュンビュン斬り合うため、その恐怖心ははんぱではない。

筆者は、一九八〇年代初頭にドイツのマンハイムに留学し、あるドイツ人との思いがけない出会いから、この決闘を経験することになる。以下にお話しすることは、筆者が実際に体験した衝撃の事実であり、フィクションではまったくない。決闘の目的は、中世以降に行われていた遺恨や名誉毀損にかかわる勝敗を決めることではなく、卑怯なことをせず、正々堂々と勇敢に相手と戦うことに置かれている。したがって決闘が終われば、両者は仲間（Kameraden）となるのである。

一九八二年六月二六日、ドイツのハイデルベルクの古ぼけた建物の地下室にある広いホール。筆者の

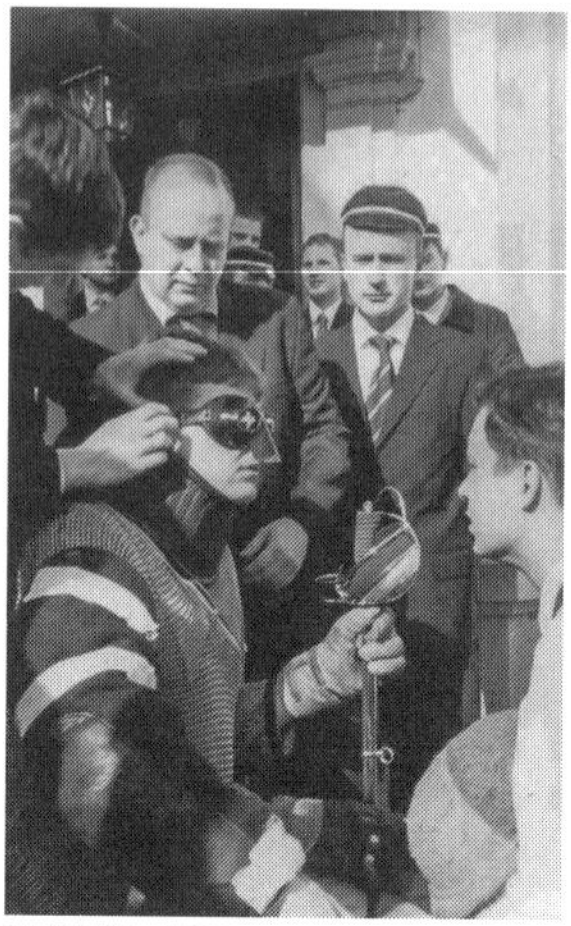
決闘眼鏡の着用

目の前には、身長一九〇センチ近いドイツ人の若者が仁王立ちになっている。二〇〇人ほどいる見物人の中には女性や子供の姿は一切なく、今から始まる決闘を前にして男たちはざわついていた。この日を迎えるまで約半年間、毎日二時間ばかりの練習をし、周到な準備をしてきたにもかかわらず、これまでに感じたことのない極限を越えた異様な恐怖心から、わたしは恥も外聞も捨てて、その場から逃げ出したいと思った。

もし、すごい勢いで何度も斬り込んでくる敵の剣を恐れるあまり、顔や頭を少しでも動かしたり、わずかでも足を動かしたりした場合は、「臆病で卑怯な態度をとること」（ドイツ語で「ムッケン」〈Mucken〉という）とみなされ、即刻失格となり、その決闘は無効となる。動かしていいのは、つまり、相手の攻撃をかわすのは、片手で持った自分の剣だけなのだ。

「決闘」とはいえ、ただやみくもに真剣を振り回すのではなくて、学生決闘（メンズーア）規定というのがあって、たとえば次のようなことが細かく定められている。

(1) 防具：決闘者は顔と頭以外は全身を頑丈な防具で保護しなければならない。頸動脈を守るため金属製の襟巻を首にまく。

(2) ラウンドの回数と斬り方：一回目の決闘においては二五ラウンド、二回目以降は三〇ラウンドである。攻撃は交互に最低五回ずつ斬り込む。

(3) 剣：刀身の長さ八八センチ、剣の握りの長さ一五センチの定められたシュレーガー（Schläger）と呼ばれる特殊な剣を用いる。

その他にも、規定に反する打ち方や許される打ち方、セコンドによる決闘の中断の条件など、細部にわたってさまざまな規定が設けられている。定められたいくつもの細かいルールのある点や、周到な準備と練習を行って、コンディションを整えて臨むという点では、「メンズーア」はまさにスポーツと呼べるであろう。しかし、個人競技であれ団体競技であれ、あくまでも勝敗を決することを目的とするスポーツとの決定的な相違点は、「メンズーア」においては、殺傷能力のある「真剣」を用いることと、勝ち負けがないということだ。

ドクター・ストップ

たとえ相手に斬られてドクター・ストップがかかり、決闘続行不可能になったとしても、「ムッケン」をしなければ、その決闘者は、勇気ある男として認められ、決闘は有効なものとして成立する。ここでは、勝者も敗者も存在しないのだ。しかし、先に述べたように、恐怖のあまり「ムッケン」すれば、その決闘者は即刻退場となり、その決闘は無効となり、かれが所属する学生結社と自身の信望を失うことになる。

この決闘は、ボクシングと同様にラウンド制であるが、素早く交互に剣を斬り込むため、一ラウンドは平均六～七秒で終わる。しかし、約一メートルという至近距離で斬り合うため、最終ラウンドまで戦い抜かれることはほとんどなく、決闘者の片方、あるいは双方が斬られ、その場で静観して待ち構えている決闘専門医がドクター・ストップをかけ、傷口を診て、決闘続行不可能と判断した場合、決闘はその場で終了する。

いよいよ決闘が始まる！　それまでざわざわしていた会場が一挙に静まり返った。これまでに経験したことのない、言葉では表現できないような恐怖感で凍りつき、緊張を通り越して頭の中は真っ白になり、脚がガタガタ震えて止まらない。ついにこの瞬間がやってきたのだ。わたしのセコンドが、歯切れのいい口調で叫んだ。「Auf Mensur（剣を構えて）、fertig（用意）、los!（始め！）」ヒュン、カン、ヒュン、カン……わたしは、一心不乱にわれを忘れて、剣を打ち込み、すぐさま相手の剣をとめ、また打ち込むという動作を素早く繰り返した。六～七秒後、決闘者の剣で斬られないように全身に防具をまとい、ヘルメットを被った双方のセコンドが、身体ごと中に割って入って決闘を中断させた。「やった、斬られてないぞ！」

不思議なことに脚の震えはピタッとおさまった。

ラウンドとラウンドの間の小休止は一五秒程度しかないが、この間に「テスタント」と呼ばれる介添え係は、一ラウンド毎に、アルコールを染み込ませた綿で剣の刃を消毒しながら剣の状態を点検し、その後、剣を持ったままの決闘者の手首をぐるぐる回してマッサージするのである。

双方のセコンドは、リングの外にいなければならないボクシングのセコンドとは異なり、味方の決闘者の傍らで身を低くかがめながら、決闘者の動きを見守り、何かがあれば、味方の決闘者を直接サポートできる。四ラウンド目に、相手の決闘者が規定に反した斬り方をしたとして、わたしのセコンドが立会人に抗議したが却下された。

ラウンドを重ねるごとに約六〇〇グラムの剣を持つわたしの右腕は、疲労が徐々に蓄積し、なまっていくのが自分でもはっきりとわかった。七ラウンド目以降、相手方のセコンドが、わたしの攻撃が消極的で防戦一方であるとして、立会人に何度か抗議するがこれも聞き入れられなかった。

そして、ついに一三ラウンド目、その瞬間がやってきた。ガードの下がったわたしの剣を見透かすように、相手の剣がわたしの左頬と左耳に斬り込まれた。「何だ、この痛みは。これが刃物で斬られる痛みか……」それまでの静寂を破って、会場が急にどよめいた。自分の頬と耳から生温かい血が滴り落ちるのがわかった。生まれてはじめて味わうキリキリとした言いようのない激痛が走った。ただちに決闘専門医がかけつけ、わたしの傷口を診た医者は、非情にも冷ややかにこう言い放った。

「Weiter！（続行！）」

密かにドクター・ストップがかかることを心の中で祈っていたわたしには、もはや戦う意欲もエネルギーも残っていなかった。そして、一五ラウンド目、相手の剣がわたしの頭のど真ん中に命中。「うっ！」脳天を衝撃的な激痛が走った。傷口から両頬、両耳、首筋をつたって床にポタポタ落ちる生温かい血。ざわめく見物人たち。すべてが終わった。

決闘専門医がわたしの方にかけつけてきて、傷口を確認し、決闘の続行が不可能であることを立会人に伝えると、立会人は決闘終了を宣言した。わたしはすぐに控室の椅子に座らされ、決闘専門医が傷口を消毒し、刀傷を縫い始めた。信じられないくらいの痛みだ。麻酔を一切使わずその場ですぐに傷口を縫合するのがここでのしきたりなのだ。あまりの痛みで意識を失いそうになりながらも必死にそれに耐えた。仲間たちが集まってきて、「ミッチー（わたしの愛称）、よくがんばったな。お前は本当に勇敢に戦った。俺たちの誇りだ！」と、「ムッケン」しなかったわたしを称えてくれた。

ドイツの学生結社の伝統

この種の決闘は、今日でもドイツやオーストリアを中心とした一部の学生団体＝学生結社に所属する学生の間で普通に行われているが、同じ学生結社に所属する仲間同士の決闘ではなく、ある学生結社に所属する学生が、別の学生結社に所属する学生と、それぞれの学生結社を代表して、いわば自分と結社の名誉をかけて戦うのである。たとえば、ドイツ国内には、現在でも約一〇〇〇団体の学生結社が存在し、その内決闘を行っている学生結社は約四〇〇あり、会員数は約五万五〇〇〇人である。ドイツの男子学生は約一〇〇万人であるから、決闘を行っている男子学生は、ドイツでは全体の約五〜六パーセントである。

ドイツ語圏で最初に創設された大学はプラハ大学（一三四八）であるが、その後、ウィーン大学（一三六五）、ハイデルベルク大学（一三八六）など、いくつもの大学が次々と設立され、一五〜一六世紀には各大学町で「学生同郷人会」と呼ばれる組織的学生団体が形成されていった。その後、同郷人会的な結びつきを越えた、それぞれに共通の理念や世界観を持ったいくつかのタイプの学生結社団体が出現した。「メンズーア」は、細かい決闘規定に則った学生結社に所属する学生による真剣を用いた決闘のことである。

一九世紀までは、ドイツ語圏の男子学生の大半が学生結社に所属し、各大学町で決闘が日常的に行われていた。決闘による顔や頭の刀傷の跡は「シュミス」と呼ばれ、勇者とエリートの証しであり、一種の男の勲章でもあったし、今でもそうである。文豪ゲーテも学生時代に決闘をして腕を負傷しているし、『資本論』を著したマルクス、哲学者ニーチェや鉄血宰相ビスマルク、ドイツ皇帝ヴィルヘルム二世、「ダイムラー・ベンツ社」のダイムラー、物理学者プランク、日本に滞在したシーボルト、音楽家シューマンやシューベルト……かれらはすべてこのメンズーアを経験しているのである。

それではなぜこのメンズーアは、これほどまでに男性たちを魅了し、今日でもこの伝統は大切に守られているのであろうか。鋭利な刃物で自分の顔と頭を斬られるという極限を越えた言いようのない不安と恐怖心を克服することで、「ムッケン」することなく、できる限り冷静に自分の気持ちを制御し、斬られる瞬間まで勇敢に戦いぬく……勝者も敗者もいない。この決闘は、男としての勇気と精神的強さを試される一種のきびしい試練であり、それを乗り越えたものが一人前の男として、剣を前にしてしりごみすることなく勇敢に戦った人間として認められるのである。メンズーアは、一人の若者を「男の中の男」に鍛え上げるためのひとつの伝統的養成手段として機能しているといえよう。

筆者がハイデルベルクでドイツ人の若者と剣を交えてから、すでに何十年という時が流れたが、自分の左頬と頭の真ん中には、今でも見事な刀傷の跡＝シュミスが残っている。若い頃にドイツに留学し、そこでドイツ人と決闘した証しとして……。その傷跡は極限状態に打ち勝つ精神力や、瞬時の自己決定能力の重要さを物語るものである。またそれは消えることのない、学生結社コーア・レノ・ニカーリアの絆（Kameradschaft）の証しでもある。（菅野瑞治也）

1925年のハイデルベルクのメンズーア

第一章

決闘のヨーロッパ史

1 『聖書』に書かれた決闘、古代の決闘

カインとアベルの葛藤

人類史上初の「決闘」はいつ行われたのか。ヨーロッパにおいて一般的には、『旧約聖書』の「創世記」に登場する、アダムとイブの息子たちの兄カインと弟アベルの一騎打ちが決闘の起源とされている。兄カインは農作業をし、弟アベルはヒツジ飼いとなっていたが、ある時兄弟は神に貢ものをした。弟が太った初子のヒツジをささげたのを神はとくに喜ばれた。それに嫉妬した兄カインは弟を野原に誘い出し、弟アベルを攻撃して殺害する。

カインとアベルの決闘がどのようなものであったのか、結末しか書かれていないので不明であるが、兄は史上初の殺人者となる。カインは神にアベルの行方について尋ねられても、「知りません。わたしは弟の番人でしょうか」と嘘をつく。カインは血を吸った不毛の地を追放されるが、放浪を宿命づけられる。ただし神は決闘が連鎖しないように、カインの額にしるしをつけ、誰もカインを殺してはいけないといった。しかも殺人は、イブがヘビにそそのかされて禁断の木の実を食べた原罪のように、カインに刻印されて消せないのである。

この『聖書』の故事は、農耕民（カイン）と牧畜民（アベル）との戦いがシンボル化されていると解釈され、決闘も個人の葛藤だけではなく、集団同士のそれにも拡大されるものであることを物語る。生

活様式の相違による葛藤は、「創世記」以来、人間の根源的なものとして存在することを暗示している。「創世記」の故事は、その後、連綿と続く人類の歴史の中で、争い——決闘——が永遠に継承されていくことも伝えるものであった。

英雄たちの決闘

『旧約聖書』の「サムエル記」によれば、ある時、イスラエル軍とペリシテ軍が対峙していたが、身長約三メートルのペリシテの巨人兵士ゴリアテが、四〇日間毎日イスラエル軍の前に進み出て、「お前たちの中から一人の兵士を選び、俺と戦わせろ。俺が負ければ、われわれはお前たちの奴隷となろう。逆に、俺が勝てば、お前たちはわれわれに仕える下僕となるのだ」ともちかける。かれはもっとも勇敢な者と一騎打ちをして決着をつけようと挑発する。

しかしイスラエル兵は、恥辱を受けながらも巨人ゴリアテに恐れをなし、戦いを挑もうとする者は誰一人として現れなかった。そのような中、四〇日目に、イスラエル軍に従軍していた兄たちにたまたま食料を送り届けるために陣営を訪れた羊飼いのダビデが、ゴリアテの挑戦に応じる。かれは羊飼いの杖と石投げ紐しか手にしていない。およそ武器らしい武器を持っていないひ弱そうなダビデめがけて、ゴリアテが槍を手にして突進してくる。

ダビデは石を石投げ紐に入れ、狙いを定めてそれを勢いよく放った。石はゴリアテの額の真ん中に命中し、ダビデはゴリアテが倒れて失神したのを見て、かれの剣を奪ってその首を刎《は》ねた。この一騎打ちも、巨人ゴリアテに果敢に向かっていくダビデの英雄化の伝説を形成するためのものであり、名誉を回復するための裁きという本来の決闘とは

カインとアベル（15 世紀画）

異なる。

さらにホメロスの英雄詩『イーリアス』（紀元前八世紀なかば頃）の中で展開されるトロイ戦争時に、ギリシャ側の勇士アキレウス（アキレス）とトロイアの王子ヘクトールの一騎打ちが生じる。両者は、槍と剣という同じ武器を用いたにもかかわらず、ギリシャとイーリオス（トロイの別名）の兵士たちが見守る中、アキレウスはヘクトールを追い回す。ヘクトールは逃げ回るが、結局アキレウスに殺害される。これは一種の決闘ではあるが、それは戦争中に偶発的に生じたものにすぎない。あくまでも対決の原因は愛国的な戦闘行為によるものであり、侮辱された名誉の産物ではなかった。このように、一方が逃げ回るということは、近代的な意味での決闘ではまったく考えられないことである。

ダビデとゴリアテ（シンドラー）

アキレウスとヘクトールの決闘　ヘクトールの死（ルーベンス）

古代ローマの剣闘士「グラディエーター」

剣を用いた決闘の起源そのものも、古代ローマ人や古代ゲルマン人の時代にまでさかのぼる。古代ローマで活躍した剣闘士グラディエーター（ラテン語では gladiator。同じくラテン語の gladius は「剣」を意味する）は、周知のように公衆の面前で、武器を用いて生死をかけて相手と戦ったプロの剣闘士である。古代ローマ人は、かれらの道徳的退廃期に、剣闘士グラディエーターを知るにいたった。

プロの古代ローマの剣闘士たちは、今日のスペインの闘牛のように、市民に娯楽性・遊戯性を提供した。ローマの支配層は、市民がローマ帝国の内政に干渉しないよう、また、反乱を起こさないように、かれらを熱狂的な娯楽に目を向けさせ、楽しませる必要があったからである。しかし、それも裁きという本来の決闘とは異質なものであった。

古代ローマの剣闘士グラディエーター

以上述べたカインとアベルの戦い、アキレウスとヘクトールやグラディエーターたちの一騎打ちは、どちらかが死ぬという残酷な結果で終わるが、それは近代以降ヨーロッパを中心に行われた「決闘」と厳密な意味で、同一視することはできない。決闘の持つ近代的・現代的な概念は名誉の回復という一種の裁きであり、これは古代人には存在しなかったし、ギリシャ人やローマ人、またゲルマン人もそれを知らなかった。ゴリアテとダビデのような歴史的に伝えられている数少ない「一騎打ち」は、戦いの正当性を競うものではなく、強者の論理であり、強いていえば祖国への愛、つまり民族全体のためという理想に起因するものである。

たしかに敵軍を代表する兵士に一騎打ちを申し入れるというこの伝統は、一見すると後の決闘の作法と同一であるが、これらの英雄たちの一騎打ちは、騎士道精神と定められた礼法を特徴とする決闘ではなく、戦争の中で生じたエピソードであり、敵対する両軍を代表する英雄同士の白兵戦の延長線上のものである。（菅野瑞治也）

2 ゲルマン社会のフェーデ（私闘）

フェーデとは

かつて古代のゲルマン社会では、国家が存在せず部族（ジッペ、Sippe）単位の氏族社会が統治の単位であった。個人や氏族の名誉が傷つけられると私闘が容認され、一族による剣の実力行使をした。それはフェーデ（Fehde）といわれ、失われた権利を自力で回復する、一種の紛争解決の方法であった。ゲルマン社会においては、個人だけでなくジッペでも復讐は容認されていた。そのためフェーデによる決闘は、復讐が復讐を呼び、繰り返される傾向が強かった。これは公権力が弱い、ゲルマン人のような部族社会の統治システムでは、紛争解決法として必要な制度でもあった。

帝政期ローマの歴史家タキトゥス（五五頃～一二〇頃）は、ゲルマン人の間で、「神は、真実を主張する者だけを勝利へと導く」という考え方がすでに広まっていると報告している。これは一種のプリミティヴな神判（神明裁判）であって、神が正邪を判断するという神判においては、真実を主張している者にはかならず神の加護があるという考え方が根底にあった。

しかしプリミティヴな神明裁判とキリスト教的な神明裁判は同一ではなかった。というのはゲルマン社会で容認されていたフェーデ、すなわち私闘は復讐の意味をも持ち、キリスト教社会では容認されない概念であったからだ。キリスト教では復讐は神だけが行えるが、それ以外のものにはその権利がなか

フェーデの果たし状の使者

った。

その後、ゲルマン社会も部族が統合され、王国が生まれると、国王による公権力が強くなってくる。たとえば「サリカ法典」を制定したフランク人の間では、国王による裁判や裁定という紛争解決の方法も生まれてきた。定式化すると、中世にはゲルマン社会のフェーデ、国王などの公権力の裁判、キリスト教の神判という、三種類の紛争解決の方法が混在していた。ただし中世のゲルマン社会においては、これらの三つのバランスが流動的であった。

フェーデは戦争と決闘の中間的なもので、それでも一定のルールにもとづいて実施された果たし合いである。また犯罪に対しては、相手を徹底的に追及してアハト刑（Acht、法の保護を奪う平和喪失［刑］）に処すということができた。アハト刑では、犯人をジッペ内で殺すかあるいはジッペから追放するかした。追放されると「人間狼」とみなされ、共同体から排除された。

このように復讐や犯罪に対する刑罰が正当化されていたので、名誉を汚された一族が復讐心に燃え、フェーデ権を行使し、他のジッペを襲撃すればたいへんな乱闘になり、多数の死傷者を出すことがあった。だからフェーデであってもルールを設けたのである。それは市民や農民たち、すなわち部外者を抗争に巻き込まないための知恵であった。

右に示すのは、一三三九年のスイスのゲルハルト・フォン・アールベルク＝ヴァランタン伯爵のフェーデの果たし状の使者である。

これはスイスの独立運動のプロセスで、ハプスブルク側と独立派側の政治的確執の中で生じた決闘事件である。伯爵は許諾の期間として三日前に、日時、場所、立会人を書付けたものを相手に伝える使者を遣わせている。

フェーデの蔓延

ところが中世後期になると、フェーデ権を行使して、要人を待ち伏せし、身代金を要求する、「強盗騎士」が横行したり、復讐を繰り返したりすることが多発した。

身代金目当てのフェーデ

大規模フェーデ

図上はヴュルツブルクのローレンツ・フリース（一四八九〜一五五〇）が残した『司教年代記』のイラストである。バイエルンのヨーハン・フォン・デーツェラウがヴュルツブルク領を通行している時に、「強盗騎士」に襲われ、身代金を要求され解放された。怒ったバイエルンの大公アルブレヒト四世は、復讐のため三人のヴュルツブルク司教聖堂卿を捕らえたという。

図下は同様なフェーデのイラストである。ある襲撃事件が原因で、ザクセンの大公ヴィルヘルム三世と司教ゴットフリート四世の大規模なフェーデとなった。右からザクセン軍の軍隊が近づき、戦闘が起きようとしている場面である。このような対立を生み出すフェーデはもはや放置できずに、一五世紀末に、マクシミリアン一世（ローマ王在位一四八六～一四九三、神聖ローマ皇帝在位一四九三～一五一九）がヴォルムスの帝国議会で「永久ラント平和令」（一四九五）を発令し、フェーデは禁止された。（浜本隆志）

3　中世の神明裁判と決闘裁判

各種の神明裁判

現代でもドイツ各地に「裁きの菩提樹」、「処刑のオーク」という巨木が残っている。U・クーン『樹木』の「巨木マップ」によると、メクレンブルク＝フォアポンメルンのシュラークスドルフ教会横にあるホレンバッハの菩提樹、ゲッティンゲン近郊のグロースシュネーンのオークがとくに有名である。古いもので樹齢五〇〇年、幹の円周八～一二メートルもあり、伝説ではこの樹の下で裁きが行われていたという。これはアニミズム的な樹木信仰の名残であるが、かつて森の民であったゲルマンの人びとは、菩提樹やオークを神木として崇めてきたからである。

キリスト教以前の古代から、神は樹木だけでなく、水、火、聖別した食べ物を介して正邪の判断を下すとされた。したがって犯人が不明であったり、被告が犯行を認めなかったりした場合、人びとは神明裁判によって神の思し召しを確認した。被告とされた者にとっても、この方法は身の潔白を神に証明してもらうために必要とされた。なお神明裁判は、重大な犯罪の場合にのみ適用し、軽微な係争には用いられていない。

この裁判制度の根底には、古代において世の秩序を維持するためには、万人が納得する神の裁定を要したという事情があった。当時の人びとは神を絶対視し、神託に全幅の信頼を置いていたのはいうまでもない。こうして神明裁判は、犯罪によって損なわれた共同体の平和を取り戻し、秩序を再生する機能を果たしていたのである。

ゲルマン人（あるいは西ゴート人）たちも、神がかり的な神明裁判を行っており、その痕跡は神話や伝説に残っている。たとえばゲルマン伝説をルーツにする『ニーベルンゲンの歌』でも、犯人のハーゲンがあらわれるとジークフリートの死体から血が流れ出すというシーンがある。これは神明裁判の一種の Bahrprobe といい、無罪の者が触れても死体は血を流さないが、犯人の場合には血を流すということであったから、ハーゲンが下手人と断定された。

このようなゲルマン人の考え方は、中世の推移の中でキリスト教と融合し、分離することが困難であった。決闘の歴史からいうと、キリスト教的神明裁判が増えていき、フランク王国では主流を占めるようになる。世界各地でも神明裁判が認められるが、ヨーロッパではとくにゲルマンやスラブ地域に広がっていた。ここでは以下において、ドイツのその習俗について確認しておこう。

神明裁判を大別すると、火審、水審、食物審、籤《せん》審などとなるが、後に述べる決闘審も神明裁判の一種とみなされている。これらは古代のアニミズム的信仰と密接にかかわっていたが、とくに釜の中の指輪や石を取るという神判（日本の古代にもこの方法は存在した）は、ケルト・ゲルマン時代の聖なる釜信仰の名残である。これは釜を生命の根源や再生のシンボルとして神聖視することから生まれた。すなわち古代人は、釜を生命を育む子宮と理解し、その特別な霊力を信じていたからである。

ヨーロッパではその後キリスト教が地中海沿岸部に伝播し、三一三年にローマ帝国のコンスタンティヌス一世がこれを公認した。しかし北ヨーロッパへの進出はかなり遅れ、一〇世紀頃にようやくヨーロッパの大部分がキリスト教化された。このキリスト教も「異教」の伝統を受け継ぎ、神明裁判を継承したが、その記録は九～一三世紀のキリスト教時代に図版や文書にあらわれてくる。

キリスト教化された時代の神明裁判では、人びとは教会に出向いて、裁判を取り仕切る司祭の言葉を聞く。司祭は釜、鉄棒、水、食物を聖別して、これらを清める。被疑者は事前に断食をしながら、キリストに身の潔白を祈った。この宣誓と裁判がセットになっており、神前における神との契約がとくに重要視された。キリスト教の信仰の原点は神との契約によって成り立っていたからである。

神明裁判において、ふつう傷を負うはずであるのに、常識では考えられない奇跡が起これば、それは神の思し召しとして信仰心が高められた。図上は聖ウィトゥスの油入りの釜による神明裁判であるが、聖者は無傷で釜から出たという伝説が残っている。神明裁判は、今から見ると、荒唐無稽で非科学的な方法であったといえるが、それは現代の目線ではなく、当時の人びとの宗教意識から考察しなければならない。

図下に引用したのは、上部オーストリアのランバッハのベネディクト派修道院に残されているもっとも古い水審の図で、一一九〇年ないしは一二〇〇年に描かれたものである。このように被告を縛って水

釜審

水審（12世紀）

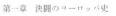

中に投入し、浮けば有罪、沈めば無罪として、その浮沈によって犯人を確定した。なお、神明裁判には常に（聖書を持った）司祭か参審人が同席し、白黒の判定を行った。

右図上は同時代の熱鉄審の場面であるが、これは灼熱の鉄（あるいは真っ赤に焼けた炭）を摑み、一定の距離を歩いて火傷の状態で判断する方法である。後日の判定の際に、傷の痕が早く治っているかどうか、痕跡が化膿せずきれいであるかどうかが決め手となった。熱鉄審のヴァリエーションとして、熱く焼けた鋤《すき》の上を歩く方法、火の中をくぐる方法、先述の釜で沸かせた熱湯（熱した油、またはワイン）の中から指輪や石を摑み、その火傷の状態を調べるという方法もあった。

とくに鋤を用いるという奇妙な方法は、図版で残っているので引用しておこう。図下は神聖ローマ帝国皇帝ハインリヒ二世（九七三〜一〇二四）の妃クニグンデが貞節を疑われ、それを晴らすために実施したものである。ではなぜ鋤を用いたのであろうか。鋤は重罪の場合、犯人を地中に埋め、心臓部を抉《えぐ》り取るために使用されていたので、その刑法を神明裁判にも適用したと解釈される。クニグンデの場合、熱した鋤の上を素足で歩いても、火傷をしなかったので無実とされた。

熱鉄審（12世紀）

クニグンデの鋤審

さらに神との深いかかわりを示すものとしては、食物審がある。これは聖別したホスティア（聖餅）、あるいはパン、チーズを飲み込み、喉につかえると有罪、一気に飲み込むことができれば無罪とされた。またヨーロッパでも神明裁判の一種として籤審があった。

しかしそれでも経験則に照らして判断すると、神明裁判によってかならずしも正義が勝つとは限らなかったので、この方法はすでに魔女狩りよりはるか以前の、一二一五年の第四回ラテラノ公会議において、ローマ教皇インノケンティウス三世によって無効と認定され、禁止された。

神明裁判はドイツ最古の法鑑『ザクセン・シュピーゲル』（一二二四〜二五）にも、水審、火審が絵入りで説明されている。またその後、ドイツの農村・山村部では、一六世紀になっても神明裁判の伝統が暗黙のうちに根強く継承され、民衆はこれが嫌疑を晴らす方法だと信じ込んできた。

とくに水審は一七世紀以降の魔女狩りの時代に、ドイツ各地だけでなく、ベルギー、フランス、イギリスでも、裁判所のみならず民衆の支持を得て復活した。魔女は空を飛ぶので軽いとされ、浮けば魔女、沈めば魔女ではないという風説が、まことしやかに信じられた。なおイタリア、スペインの南欧ではこれを実施しなかった。

（浜本隆志）

『ザクセン・シュピーゲル』の水審

『ザクセン・シュピーゲル』の火審

決闘裁判

神明裁判の一種として、剣や武器を用いて決闘し、勝者、敗者によって正邪を決定する決闘裁判があった。すなわち神は剣や武器を通じて正義の人に力を与え、邪悪を懲らしめると信じられていたので、宗教的な権威を背景にした決闘裁判は、異教時代の習俗をキリスト教も継承したことを意味する。厳密にいえば剣を用いた裁定には、キリスト教を背景とした神明裁判としての決闘裁判と、王侯が制定した公権力による決闘裁判があった。

　このようなキリスト教と王侯の権力の競合の中で、中世から近代にかけて王侯の法的な決闘裁判が主流となっていく。王侯のコントロール下の公権力による決闘裁判のルーツは、五〇一年、フランスのブルグント（現在のブルゴーニュに相当）の国王グンドバルトが始めたとされる。国王は民法ならびに刑法の法典である

カール大帝とその後継者ルートヴィヒ敬虔王

「ゴンバット法」（Loi Gombette）を定め、争いごとの当事者の偽証を防ぐ目的で、裁判のやり方を初めて制度化した。これはドイツにも伝播し、法として近代にも存続することになる。

　ドイツにおけるもっとも記念すべき最初の王侯の公権力による決闘裁判は、カール大帝の後継者である皇帝ルートヴィヒ敬虔王（在位八一四〜四〇）統治下の八二〇年に行われた。この裁判で背任者と国事犯を裁くために、皇帝は帝国の貴族たちをアーヘンの大規模な会議に召喚した。裁判の被告人はベラ伯だった。かれはサラセン人（アラブ人＝イスラーム教徒）と通じた国事犯として訴えられていた。告訴したのは、ザニラ伯だった。両者とも、古くからの正統なゴート人の血を引いていて、対等の地位にあった。

　被告のベラ伯は、罪を否定し、決闘裁判を主張した。ゴート人の掟にしたがい、投槍と剣を持ち、馬に乗って戦うことで、かれは自分の無実を証明するつもりであった。そして原告のザニラ伯もまた、同

じくゴート人の掟にしたがって、かれの告発の正しさを立証したいと思っていた。帝国会議は、かれらの要求に応じて、両者による決闘を認めた。

ルートヴィヒ皇帝の方は、この決闘をできるものならやめさせたいと思っていた。なぜなら、かれがまだアクヴィタニエンの王だった時、ベラ伯はかれとともにアラブ人と戦った古くからの戦友だったからである。皇帝はベラ伯を救おうといろいろ画策するが、それも徒労に終わった。その結果、両者の間で神明裁判としての決闘裁判が行われることになった。

プファルツにあった城館で、皇帝ルートヴィヒ敬虔王はいつもは鹿狩りや鷹狩りなどを行っていた。決闘裁判当日、皇帝は、気遣わしげな表情で、城館のバルコニーから下を見おろしながら、手にした棒で、決闘開始の合図を送る瞬間を待っている。宮廷の棺《ひつぎ》運搬人は、忠実に職務を司るためにその場に待機していた。そして棺もすでに用意されている。ベラ伯とザニラ伯は馬にまたがり、銅製のヘルメットを被り、投槍と楯を手にして、皇帝の合図を今か今かと待っていた。そして、ついに合図は下された。

両者は、荒々しいゴート風のやり方で、おたがいに激しく攻め立てた。投槍は地面に転げ落ち、おたがいの剣はビュンビュンうなりをあげた。突然、ベラ伯は自分の馬に拍車をかけ、その場から距離を置こうとした。しかしザニラ伯は、その行く手を阻み、剣でベラ伯に斬りつけた。ベラ伯は落馬し重傷を負った。思わず皇帝はもう一度合図を送った。皇帝の密かな命令で待機していた若い宮廷人の一団が、急いでその場に駆けつけた。かれらは、両者の間に割って入り、ザニラ伯のベラ伯へのさらなる攻撃をかれらの楯で防いだ。

この決闘の結果、ベラ伯は自分の罪を認めた。そして皇帝ルートヴィヒ敬虔王は裁判会議の判決において、神明裁判（決闘裁判）で大逆罪を宣告された被告（ベラ伯）に死刑を宣告せざるを得なかった。しかし皇帝は、恩赦の権限を行使し、ベラ伯の命を救い、かれの財産の一部を分け与え、外国に追放した。

これは典型的な中世の決闘裁判であり、取り決めを行い、身に覚えのない嫌疑を晴らすために決闘が行われたことを物語る。皇帝の采配は封建体制の確立とともに、公権力が強固なものになった時代を背景にしている。すなわち皇帝みずから裁判官役を担い、敗者は決闘の結果を受け入れるというプロセスをたどっているからである。

決闘裁判の興隆期は中世の一二〜一三世紀におとずれた。そこでは決闘者同士が競って、勇敢さと豪胆さとを発揮した。決闘裁判においては、決闘者双方は、まずは黒で覆われた椅子に座り、宗教的な典礼様式にしたがい、魔法の手段や薬を使わないことを最初に誓わされた。その間に裁判官は、風向きや太陽の位置を考えながら、戦う場所を定めた。そして裁判官の「それでは、いい戦いを！」の言葉とともに決闘が始まった。決闘の挑戦者は、相手の足元に手袋を投げ、その相手は決闘の挑戦を受け入れる印にその手袋を拾い上げた。決闘の結果、勝者は裁判官のお墨付きをもらい、正義を主張することができた。

決闘裁判（1397）

しかし決闘裁判は、フランスやドイツでも中世以降、他の神明裁判と同様に衰退し、一四〜一五世紀にはほぼ消滅する。それは直接的には、ローマ・カトリックの決闘抑制策に起因するが、決闘の結果が真実とかけ離れることがあったからである。（菅野瑞治也）

4　騎士道が育んだ名誉の決闘

騎士道の成立

キリスト教はもともと殺戮や戦争を神の教えに反する野蛮な行為とみなし、武力を否定していた。ところが一〇九五年に、教皇ウルバヌス二世がフランスの騎士たちに十字軍の派遣を呼びかけたことによって、キリスト教の戦争観が大きく変化していく。やがてイスラームに占拠された聖地エルサレムの奪還は、神の大義としてあらゆるものに優先することになった。その結果、最初は戦闘集団であった騎士は、しだいにキリスト教と深く結びつき、第一回十字軍の騎士たちはエルサレムの奪還に成功し、名声を博すようになった。

その後騎士たちも武骨な戦闘集団から、キリスト教の倫理観を習得し、しだいに尊敬されるような集団になっていった。一三世紀の図像に、理想的な騎士の使命が描かれている。ここには騎士の持つ楯に三位一体の図が示され、騎士は天使の啓示によって七つの大罪に立ち向かい、これを駆逐することを要請されているのである。ところが武力そのものには、野蛮性や流血がたえず付随したので、矛盾を内包していた。

封建体制において王侯貴族は世襲制で、家柄は代々継承されてきた。しかしあらたに台頭してきた騎士集団は、固定した世襲的身分制度化されていたものではない。たしかに騎士は本来、戦闘集団であったので、ヘルメット、武器、楯と馬を所有していた。これらは装備に費用がかかったから、誰でもなれるわけではなかった。もちろん血縁でつながっていた貴族の二男、三男なども含まれたが、裕福な自由民や豪農も騎士になることができた。かれらは身分としては王侯貴族に仕えていた従士であったけれども、世襲制の貴族ではなかったのである。

したがって騎士は主君に従属し、騎士道というプライドに支えられた戦闘集団であった。当時の王侯貴族も原則として騎士道に賛同した。さらに一三世紀初頭には騎士は支配階級を横断した概念となっていき、王侯ですら騎士と名乗り、騎士道が一種のポリシーとなっていった。

騎士道の基本としては、主君への忠誠を尽くすこと、卑怯な行動をせず勇敢に戦い、敵前から逃亡をしないこと、あわせてキリスト教への信仰を守り、教会の教えに服従することなどが求められた。騎士にはさらに弱きもの貧しきものを助け、とくに女性に奉仕するということも求められていた。日本の武士道との大きな違いは、ヨーロッパでは貴婦人への愛の奉仕のしきたりがあることだ。これがヨーロッパ特有のミンネ（愛）の精神であるが、その際、単なる恋愛ではなく、身分の高い女性への献身的な愛が称えられ、それが騎士道の鑑《かがみ》とされた。

名誉の決闘

騎士道は決闘にも大きな影響を与えた。中世後期の一三〜一四世紀あたりから、神明裁判の信憑性に疑いを持つ人びとが増大し、それに代わって、名誉をかけた決闘の慣習がフランス王国から始まった。名誉の決闘は王侯貴族や騎士など、上流階級の間で行われ、それはやがてイタリア、ドイツ、イギリスなどヨーロッパ全土で広がりを見せた。それを主導したのはいわゆる騎士の名誉を重んじる騎士道精神であった。

貴族の名誉をもう少し分析すれば、決闘を申し込まれてそれを受けなかった場合、勇猛果敢に正義のために戦うという騎士道に反すると考えられた。すなわち怖気づいたとか命が惜しいから拒否したというわさが流れるので、騎士たるものはそれを受諾せざるを得なかったのである。騎士の本音からいえば、プライドと死に対する恐怖の狭間に立たされ、葛藤は決闘を申し渡された人びとが残した手記からもうかがえる。戦うことを主たる目的にしていた騎士にとって、それは本来の責務であったから、決闘は避けられないものであった。

こうして中世における従来の正邪の判決を目指す神明裁判は変質し、名誉の裁判となっていくのであるが、その事例は具体的に後で説明する。名誉の裁判は神明裁判とは動機がかぶるとはいえ、宮廷主催のイベントに組み込まれることが多かった。「騎乗試合」は王侯の権威を示すものだけでなく、人びとにとっても中世の最大の娯楽でもあった。この中には真剣による単独戦があり、「騎乗試合」は実際に死傷することを前提に行われたのであるから、これはまさしく決闘に分類できる。

たとえば『マネッセの歌謡写本』に登場するデートマー（左図）は、アルザス出身で、一三四〇年頃に、見物している貴婦人の眼前で剣による真剣勝負をしている。この人物の詳しい素性は不明であるが、オオカミの紋章を有し、完全武装をしているので、騎士の身分であることがわかる。試合というスポーツではなく、相手に致命的なダメージを与えていることは、彩色図版で示されている。これは明らかに遺恨か名誉をかけた決闘の一種と考えられる。

さらに決闘は、フランスのルネ・ダンジューの『トーナメントの書』に華麗に描かれている。トーナメントは本来、団体戦であるが、その催しのひとつに、単独戦があった。挑戦状を相手に出し、弱虫なら辞退をするだろ

『マネッセの歌謡写本』単独戦による決闘

騎乗試合の一騎打ち

うが、勇敢な騎士であれば受けて立つだろうという旨の挑発をする。当然、両家の威信をかけた決闘が始まり、それが時代の花形となった。

上に引用するのは、ブルターニュ公国とブルボン王朝の両王子（侯爵）が、両家の名誉をかけた剣による一騎打ち（一五世紀後半）をしている図版である。前者の紋章は王侯の毛皮であったアーミンであるが、これによると、ヘルメット飾りはライオンであることがわかる。なおブルボン王朝の紋章はフルール・ド・リス（ユリ紋章）であり、両家のシンボルは馬衣にも表されている。

騎士は女性に対する奉仕的な愛とキリスト教のために、信仰の敵と抗して戦った。決闘の原因は多様であるが、政治がらみの軋轢、相手からの侮辱、姦淫の疑い、恋愛、陰謀などが多かった。中世では決闘を行ったのは、おもに王侯貴族である。かれらの存在基盤は社会的な名誉であって、その毀損は社会的存在を危うくするほど重要なことであったので、名誉の決闘にこだわったのである。（浜本隆志）

イタリアの名誉の決闘

たがいの名誉をかけた決闘という考え方は、一説にはイタリアが発祥の地とされる。なぜイタリアかといえば、中世から近代初期のイタリアは、小国に分立し、部族に細分化されていた群雄割拠の時代であったからだ。シェイクスピアの『ロミオとジュリエット』にも描かれているように、対立する名門が利害を巡って争っていた。フランスは同時代にイタリア遠征によって、名誉の決闘の慣習を導入した。フランスでもこれが一世を風靡《ふうび》するが、そのルーツはイタリアであった。

一六世紀以降、イタリアで確立された決闘の申し入れ、武器の選択、戦いの規則といった近代的な決闘作法は、やがてヨーロッパ中に一般化した。決闘者はもはや馬には乗らず、甲冑や鈍重な剣は姿を消し、武器としては、より手軽に扱える細身の剣デーゲン（Degen）が用いられるようになった。力と腕力の時代が、敏捷さと器用さを求める時代に今やその席を譲ったのである。現代のボクシングと同じようなエレガントで軽快なフットワークが、勝敗を決するようになった。

間もなく、イタリアのミラノが、そのような剣術の中心地となり、当地の有名な剣術師範のもとで修行するために、若者たちがヨーロッパ全土からこの町に押し寄せた。そこで剣術をマスターすることで、かれらは将来的に起こり得る名誉をめぐる争いごとに対して、決闘を通じて解決する準備を整えたのである。この頃から、決闘から宗教的儀式・典礼要素が消え、王や当局の干渉を受けることなく、秘密の決闘場で決闘が行われるようになった。

イタリアにおける決闘は男性貴族社会から、貴族の女性同士の決闘まで拡大されていった。その動機が下世話なものであると、ますます世間の関心を惹き、センセーショナルな「事件」に発展していった。スペイン生まれでイタリアのナポリへ移住し、終生ここで暮らした画家ホセ・デ・リベーラ（一五九一～一六五二）の代表作「決闘する二人の婦人」（一六三六）は、男性をめぐる女性同士の恋の決着という動機で始まった実話を素材にしている。イサベラ・デ・カラッツィとディアンプラ・デ・ペティネルラが対決したと伝えられているが、南国の気質をほうふつとさせる上の決闘図は話題になった。

女同士の決闘

フランスの名誉の決闘

名誉の決闘は、とくにルネサンス時代（一四世紀中頃～一六世紀中頃）のイタリアの都市国家で発展していったが、そのような風潮は、王の権威が決定的であった中央集権的なフランスでは、しばらくの間は伝播しなかった。しかし一六世紀の初めには、騎士道的精神にもとづく名誉の決闘を制度化する公認の団体である「名誉裁判所」がフランスにも登場するようになった。

それを象徴するのが、高級貴族ギー・ジャポ・ド・ジャルナック伯とラ・シャテニュレ領主フランソワ・ド・ヴィヴェンヌとの間で行われた私闘であろう。ラ・シャテニュレ領主ヴィヴェンヌは、ジャルナック伯がかれの姑マドレーヌと関係を結んだことを、事あるごとに自慢していると主張した。一方、ジャルナック伯は、これを頭から否定し、ヴィヴェンヌが嘘をついていると咎《とが》めた。両者がたがいに相手を侮辱する言葉を発した結果、決闘は避けられなくなった。ところが、フランス王フランソワ一世（在位一五一五～四七）は、これを認めず、二人はしぶしぶ王の命令にしたがった。

19世紀に復刻されたジャルナック伯とラ・シャテニュレ領主ヴィヴェンヌの決闘（ここでは騎馬戦ではない）

しかし、一五四七年にフランソワ一世が死去すると、後を継いだアンリ二世（在位一五四七～五九）は、両者の争いごとに決着をつけるための決闘を認めた。この決闘は、中世的な騎士の試合形式で行われた最後のものであった。双方が甲冑を身に纏い、楯を手にした決闘を見届けるため、王と廷臣たちがサンジェルマンに集まった。右は剣による決闘図であるが、当日は騎馬戦の準備もされており、おそらく二種類の方法で戦ったのではなかろうか。

卓越した剣の使い手であるラ・シャテニュレ領主ヴィヴェンヌは、自分の勝利を確信して、壮麗な戦勝祝賀会の準備をすでにさせていた。ところが決闘が始まって間もなく、ジャルナック伯はヴィヴェンヌの一瞬の不意をついて巧みに馬の向きを変え、かれの左足の下腿部を二度斬りつけた。戦闘不能となって我を忘れてカッとなったヴィヴェンヌは、医者と司祭をかれのところへ呼びつけることさえ拒んで、結局、出血多量で死んでしまった。この戦闘で「ジャルナックの一突き」という表現が「だまし討ち」の意味に使われるようになったが、実際は正当な戦いであった。

ラ・シャテニュレ領主ヴィヴェンヌに好意を持っていた王は、その亡骸を前にして、如何なる決闘ももう二度と認めないことを誓ったが、王の努力も報われず、このような個人的な決闘は、フランスで急速に蔓延していった。その後、アンリ四世統治下の一五八九年から一六〇六年の間で少なくとも七〇〇〇人の貴族が決闘で命を失っている。王の顧問であるフォン・スリー大公は、この悪習を撲滅しようとしたが、王は、決闘を鼓舞することは人民の戦いの準備を促すとして、これを黙認した。

ルイ一三世（在位一六一〇～四三）のもとでようやく、リシュリュー枢機卿（一五八五～一六四二）の尽力の結果、一六二六年、ひとつのきびしい反決闘法が議会によって承認されたが、ボテヴィレ伯はこの反決闘法に抵触した。かれは、ロワイヤル広場（公園）で白昼堂々と、マルキドーと決闘を行った。両者がデーゲンと短剣を用いて戦ったこの決闘が結局のところ、流血もなく終わったにもかかわらず、最終的には、一方が処刑されることになった。リシュリューは、見せしめのためにそうしたのである。

マルキドーは、イギリスに逃亡して何とか助かったが、ボテヴィレ伯は捕まり、死刑の判決を受けた。しかし王は、高貴な一族の子孫であるボテヴィレに対する判決を執行するかどうかで心が揺れ動いた。それに対してリシュリューは、「陛下！　これは、決闘を撤廃するか、法律を廃止するかの問題であります！」と主張した。

涙を流して慈悲を請うボテヴィレ伯爵夫人を前にして、結局、王はリシュリューのいうことを聞いた。ボテヴィレ伯は、相手を殺していないにもかかわらず、処刑台に連れて行かれ、首を刎ねられた。かれは反決闘法に背いたために、自分の命を犠牲にした最初の人物であった。

さらに貴族が没落してからも、名誉の決闘は減少しなかった。たしかにフランス革命後の市民階級の台頭によって、王族、貴族は没落したが、将校たちが決闘を受け継いだ。王政復古になると貴族は高貴な身分に執着を示した。名誉を拠り所としていたかれらは、尊厳を侮辱されたり、ないがしろにされたりした場合に、相手に決闘を申し出て、その存在をアピールした。キリスト教や政治によってそれが否定されても、さらに私闘というかたちでも決闘にこだわった。それが結果的に決闘の増加を招いたといえよう。

このあたりから、一騎打ちが人間の虚栄心・自尊心を満足させるのに役立つという意味で、決闘は、近代的なかたちを取り始めるようになったといってよい。決闘は、理想的な（理念上の）目標を追い求めるための手段ではなくて、それ自体が目的となったのである。しかし近代において決闘を行ったのは、政治家や軍人、学生が多く、かれらはいずれにせよ社会的にエリート階層、あるいはその予備軍であった。それに比べれば、社会の主導権を握ったブルジョアは決闘に関心を示すものが少なかった。時代的に決闘が野蛮であるという風潮が出来上がり、裁判制度も確立されてきたからである。（菅野瑞治也）

5　イギリスの決闘事情

テューダー朝から一九世紀初頭までの決闘

決闘の慣習は、かつてノルマン人を通じてイギリスにもたらされたが、ドイツ、フランス、イタリア、スペイン、ベルギーやその他の国々と同様に、中世からこれがイギリスにおいても猛威をふるった。とくに一六世紀後半、テューダー王朝の女王エリザベス一世の時代（在位一五五八～一六〇三）に、決闘はもっとも盛んに行われた。

そのため、決闘に関するイギリスで最初の刑法は、一六一四年に決闘を殺人罪と大逆罪の対象であると見做し、決闘者を死刑によって処することを公に定めた。たとえば、王政を廃止し共和制を主導したピューリタンのクロムウェル（一五九九～一六五八年）は、「個人的な私闘としての決闘は、冒瀆的・非キリスト教的であり、国家の秩序と著しく矛盾するものである」と公言して憚《はばか》らなかった。これは大陸のキリスト教徒たちと軌を一にするものであった。

しかしながらクロムウェルのピューリタン革命の後、一六六〇年に王政復古したスチュアート王朝の時代に、決闘の慣習は再び息を吹き返した。やはり封建的な王政と決闘は親和性を持っていたといわざるをえない。決闘は日常茶飯事に行われるようになった。その後、スコットランドのハミルトン公爵とコーンウォールのムーン男爵の遺産をめぐる争いは、貴族同士の剣による決闘に発展した。前者は人望厚い人格者、後者は評判の悪い粗暴者であったが、決闘はムーン男爵が吹きかけたものといわれている。一七一二年一月の決闘結果は、介添え人を巻き込むかたちで、両者とも死亡という悲惨なことになってしまい、当時の人びとの話題をさらった。

決闘の風潮はその後も続き、一七六五年、詩人ロード・バイロン自身ではないが、かれの大叔父は、隣人であるチャワースと決闘事件を起こした。そのいきさつはこうである。ある時この二人は、一緒に食事をしている折に、チャワースが、かれとロード・バイロンに対して侮蔑的な言葉を吐いた。このひどい侮辱に耐えかねて、バイロンの大叔父は、ただちにチャワースに決闘を申し入れた。

両者は、料理屋の中にある、ロウソクしか灯っていない別の部屋に行き、おたがいにデーゲン（剣）を用いて戦い、チャワースは刺殺されてしまった。そのためロード・バイロンの大叔父は上院に召喚され、殺人罪で有罪と判断された。一八世紀から一九世紀の初めにいたるまでのイギリスでは、決闘が隆盛を極めた。政治家や国会議員でさえ、事あるごとに、剣やピストルを手にした。この時代の政治家や軍人の一連の決闘事件をもう少し見ておこう。

ハイドパークでのハミルトンとムーンの決闘

チャールズ・ジェームズ・フォックス（一七四九〜一八〇六、外務大臣などを務めたイギリスの政治家）は、スコットランドの上級裁判所長官であるウィリアム・アダムと決闘をした。まずフォックスが発砲することになったが、かれは相手と自分は何の争いごともしていないと主張して、ピストルの発砲を拒んだ。今度は相手がフォックスめがけて発砲する番がきた。するとフォックスの介添え人が、フォックスに向かってこう叫んだ。「横向きに構えるんだ！」。勇敢なフォックスは、「なぜだ？　わたしは太っているから横を向いても正面を向いても同じだ」と応えた。結局、フォックスは撃たれ、重傷を負った。

そのエピソードは当時話題になったと見え、イギリスの有名な政治風刺画家ジェームズ・ギルレイがカリカチュアに採り上げ、一七八〇年に発表している。左図上・下を見ればフォックスはその名のとおり、太った「キツネ」に見立てられ、正面を向いて撃たれている様子が描かれている。ちなみにギルレイは反フランス革命、反ナポレオンの画風で知られ、フランス革命前後の激動の中で、多数のカリカチュアを残した。

決闘はさらに政界のトップにまでおよんだ。ウィリアム・ピット首相（一七五九〜一八〇六）は、か

フォックス（1782）

フォックスとアダムの決闘のカリカチュア（James Gillray, 1780）

れが議会で発した侮辱的発言によって、野党の主唱者ジョージ・ティルニーに決闘を申し入れられ、ロンドンのパットニーで決闘を行っている。さらに一八〇七年、ピットの政敵であった政治家フランシス・バーデット（一七七〇～一八四四）も、傷つけられた名誉を回復するために、自分を侮辱した政敵ジェームズ・パウルとウィンブルドンで決闘をする事態になり、結局、両者とも重傷を負った。

それから二年後の一八〇九年、ジョージ・カニング（一七七〇～一八二七、イギリスの首相、外務大臣などを務める）も、己の名誉を守るため、ロバート・ステュアート（一七六九～一八二二、イギリスの政治家・外交官）と決闘を行い、重傷を負わされている。

一九世紀になり、最初の二〇～三〇年間は、イギリスにおいても決闘は珍しいことではなかった。あの初代ウェリントン公爵（一七六九～一八五二）でさえ、いつでも決闘を申し入れる心構えはできていた。一八二九年、時のイギリス首相でトーリー党党首ウェリントンは、「ジェントルマンたる者は、自分を侮辱した相手には即刻決闘を申し入れなければならない。そして、決闘を申し入れられた方は、決

トーリー党党首ウェリントン公爵

ホイッグ党議員ウィンチルシー伯爵

してそれを拒んではいけない」という信念のもと、ホイッグ党議員ウィンチルシー伯爵に決闘を申し入れ、両者は決闘の場に立った。

ただし決闘を申し込まれたウィンチルシー伯爵は、銃口を天に向けたままの姿勢であったので、ウェリントン公爵はピストルの引き金を引くことができなかった。その結果、両者は和解し、血を流す事態にいたらなかった。このようにイギリスでも、一九世紀前半まで、決闘はありふれた紛争解決の手段であった。事実、一八四〇年にいたるまで、イギリスの軍事裁判は、将校間の決闘を正式に認めていた。

しかし、死者を出した一連の決闘事件が、従来の考え方に急変をもたらすきっかけになった。一八四〇年九月に、ある伯爵が軍人の大尉を決闘で射殺したが、上院はかれに無罪の判決を下した。一八四三年、アレクサンダー少尉が、かれの義兄にあたるフォーセット中尉を決闘で殺害した。その結果、決闘は軍事裁判で処罰の対象となり、決闘を行った者は免官処分に処することになった。ところが、その一年後、またもや二人の少尉が決闘を行い、一方が殺害されるという事件が起きた。やはり血の気が多い軍人が決闘によって係争の決着を図ろうとしたが、もはやそれを称賛する雰囲気は消えていった。

イギリスのスポーツとジェントルマン精神の興隆

イギリスでは、これらの悲惨な事件を境目にして、決闘を激しく抗議する本格的な一大運動がうねり始めた。それは一九世紀に広がり始めたスポーツの流行と深いかかわりがある。イギリス発祥のスポーツは数多いが、フットボール、ホッケー、乗馬など民俗行事の一環としてのスポーツや貴族のスポーツが、パブリックスクールなどを通じて広まり、これらが決闘熱を冷却する効果をもたらした。人びとは決闘よりスポーツに関心を向けるようになったからである。

もうひとつイギリスの特徴は、貴族主義がブルジョワを巻き込み、ジェントルマン精神を醸成させていったことにある。ここでは教養を積み、徳性をも備えた人物が敬われた。野蛮な決闘はジェントルマン精神とは相容れないものであったから、しだいに人びとは決闘を排除するようになった。ジェントルマンの中で決闘をあえて行おうとする者はもはやいなかった。イギリスの決闘の歴史に関していえば、ボクシングを除けば、決闘は一九世紀後半になると、陸軍と海軍においてすら徐々に廃れていった。

これは前述のようにスポーツの興隆、そしてジェントルマン精神の伝播によって培われたものであったといえよう。貴族階級に代わる新興のブルジョワジーも決闘に関心を示さず、教養や徳性を身につけ、ジェントルマンの精神を受け継いでいった。さらには議会制民主主義の発展もあいまって、王室も上から決闘撲滅運動を推進していった。

19 世紀初頭のイギリス・ロンドンの裁判風景

同様にヴィクトリア女王の夫アルバート公（ザクセン＝コーブルク＝ゴータ公、一八一九～六一）も、国会議員たちと高級将校たちの協力のもと、この運動を継承した。かれは、「決闘を阻止するための協会」を創設し、ただちに七六名の陸軍大将と一三名の海軍大将がこの協会に入会した。このような軍隊の上層部の行動は、軍人全体に大きな影響力を持つようになった。

アルバート公は、軍人服務規程（陸軍法規摘要）に関するある条項を政府の法案として通過させた。そこには次のように書かれてあった。「相手に対して不当な行為や侮辱を行った場合は謝罪し、その不正な行為を再び償い、また、侮辱を受けた者のために、これを受け入れることこそ、名誉を重んじる男たちの性格にふさわしいのである」と。

その背景には、ヴィクトリア女王時代（在位一八三七～一九〇一）の大英帝国が絶頂期を迎え、自由党と保守党の交互の政権によって、立憲君主制が発展したことなどが挙げられる。紛争も裁判によって解決を図る機運が盛り上がってきたのである。このようにして、近代のイギリスにおいてようやく決闘は固く禁じられることになり、実際、一八四〇年代中頃以降、決闘はイギリスでほとんど姿を消していった。

したがって結果的に、決闘という慣習がもっとも早く根絶されたのは、ヨーロッパにおいてはイギリスだけであった。それは民主主義的な議会制度、法的な整備に拠るものが大きいが、多数がそれを遵守しようとしたからだ。フランスでは、決闘に対する法的諸規定は、それ以後も無視され続けた。イタリアにおいても、ナポリの王が一八四一年に、決闘を行った者も、それに立ち会った者も、八年間の重労働の刑に処すと定めていたにもかかわらず、状況はフランスと変わらなかった。そしてドイツにいたっては、一九世紀後半に入って、決闘は教養市民層を中心に、ヨーロッパにおける他のどの国々よりも隆盛を極めることになるのである。（菅野瑞治也）

6　北欧の冷静な「決闘」

歌合戦

ゲルマン神話と共通する北欧神話にも、たしかに決闘の場面があって、他の国々と類似していることをうかがわせる。たとえば古ノルド語の英雄叙事詩に王子ヘルギの話が載っており、王子は隣国に遠征へ行ったとき、森の中で悲しそうな表情をした美女シグリーンに出会う。事情を聞くと粗暴なフンティング王と結婚させられそうで、途方に暮れているという。彼女に一目ぼれした王子ヘルギは、城へ出かけ王に決闘を申し込む。その結果、王を倒し、彼女と結婚することができた。その後、物語は輪廻転生を経て複雑な展開になるが、逆にヘルギは復讐の決闘の末、死ぬのである。

ヨーロッパ大陸で蔓延していた決闘は、北欧にも伝わっていったけれども、北方では牧歌的というべきか、極めて奇妙な決闘の習慣がみられる。グリーンランドのあるイヌイットが、他のイヌイットに侮辱されたと感じた場合、前者は後者に一種の「決闘」を申し入れるのが常であったが、ただその際に、生命を脅かす危険のある武器は用いず、公衆の面前で歌による「決闘」が行われた。その侮辱された男は、皆を前にして、相手に対する嘲笑の歌を歌う。仮に、かれが嘲笑のセリフを忘れたような場合は、かれの友人たちがその忘れた箇所を代わりに歌い、かれを援護する。

すると今度は、「決闘」を申し入れられた方の男が、同様にウイットに富んだ痛烈な歌で反撃し、相手の嘲笑の攻撃をはねのける。この男の防御の歌が、不成功に終わったと聴衆が判断した場合、この男の負けとなった。そして、勝者には、敗者の男の所有物の中で一番いいものを自分のものにする権利が与えられた。しかしこれとは逆に、先に攻撃をしかけた男の歌がウイットに欠け、弱々しく気のぬけたものであれば、かれは仲間とともに赤恥をかかされてその場から追い払われた。

ノルウェーでは一八世紀の初頭にいたるまで、裸になって対峙して、一本のロープでしばりつけ固定されるという決闘が存在した。右手にはナイフを持ってせめぎあい、左手でそれをかわしながら、どちらか一方が負けを宣するまで戦われた。しかしそれは致命的な死傷を与えるのではなく、忍耐力の勝負となった。

スウェーデン王とデンマーク王の決闘書簡

死に瀕するヘルギ（古エッダの挿絵、1893）

ノルウェーと同様、スウェーデンにおいても、決闘の慣習は一七世紀から一八世紀まで広がっていた。スウェーデン王カール九世（一五五〇〜一六一一）は、騎士道的考えを信奉する人物で、政治的な問題でさえ決闘で解決を図ろうとした。この意味において、かれがデンマーク王クリスティアン四世（一五七七〜一六四八）に宛てた書簡は、いかにもかれらしい。その中で、スウェーデン王はデンマーク王に決闘を申し入れたが、デンマークのクリスティアン四世は、その決闘の申し入れを嘲笑的にはねつけた。なおスウェーデン王の書いた手紙は次のようなものであった。

あなたのとった行動は、キリスト教の教えにかなった誠実な王のそれではない。あなたは、シュテッティーンの講和条約を破り、流血の惨事をもたらし、裏切り行為によってカルマールを占領した。神の処罰を受けるがよい。他の有効な手段が見当たらないので、ゴートに古くから伝わる称賛すべき慣習に従い、わたしはあなたに決闘を申し出る。あなたは、騎士道精神をわきまえた二人の貴族を介添え人として連れてくることができる。わたしは、胸甲も甲冑もつけず、鉄兜をかぶり、右手に剣を持って決闘に臨むつもりだ。もしあなたがその場に姿を現さなければ、あなたを誠実な王とも、また戦士とも見做さない。

リスバイ　一六一一年八月一一日　カール

この手紙に対するデンマーク王の返答書簡は次のようであった。

あなたの軽率で不遜な手紙はまったくばかげている。盛夏の暑さのせいであなたの頭がおかしくなったと、われわれは確信している。シュテッティーンの講和条約を破ったとあなたはいっているが、それは、まるで吠え立てることで自分の身を守っている犬のような虚言にすぎない。あなたは一度神の前で、この戦争と、罪もなく流されたすべての血に対する、そしてあなた自身が家臣たちに行ってきた暴虐に対する弁明をすべきである。

われわれが裏切り行為によってカルマールを占領した主張しているが、それはまったく本当のことではない。われわれは誠実な戦士としてあの町を占領したのだ。あなたこそ恥を知るべきだ！　決闘に関しては、すでにあなたには神罰が下されている。あなたの狂った頭を正常に戻してくれる医者の方があなたの役に立つであろう。一人の誠実な人間を激しく非難するあなた自身を恥ずかしく思うがよろしい。

カルマール　一六一一年八月一四日　クリスティアン

どうやら、デンマーク王からのこの返信の手紙を読んで、スウェーデン王の心は静まったようである。なぜなら、歴史は、北欧のこの二人の王が決闘を行ったということを伝えていないからである。ここからも決闘相手が血気にはやっても、他方、冷静な思慮深い国王も存在し、状況を理性的に判断して決闘を避けたことがわかる。ゲルマン神話はドイツにおいてはイデオロギー的に民族のルーツとして神格化されたが、スウェーデンやノルウェーの場合、神話と歴史を一体化させずに距離を置いていたのではなかろうか。それに比べると南欧は情熱的というべきか、血の気が多く決闘の頻度が高かったといえよう。

（菅野瑞治也）

補遺　アメリカの決闘

アメリカの建国事情と決闘

移民国家であるアメリカは、ヨーロッパと比べると建国のプロセスが異なるので、決闘もそれと同一ではない。本書はヨーロッパの決闘史を扱ったものであるので、本来、アメリカのそれは守備範囲外である。しかし日本では決闘といえばアメリカの西部劇を連想する人びとが多い。したがってここでは補遺として、アメリカの建国事情と決闘の関係、西部劇とアメリカ大統領の決闘などのエピソードを採り上げ、ヨーロッパとの比較をしておきたい。というのもアメリカには、ヨーロッパで主流を占めた貴族や騎士道におけるプライドの決闘とは違う局面があったからだ。

たしかに一三州が一七七六年にイギリスから独立し（次ページ図参照）、共和制国家を宣言した際に、アメリカには、王侯貴族は存在しなかった。そして当時、ピューリタンの宗教理念がモラルの規範であり、決闘を否定したにもかかわらず、決闘は人間の本能か、アメリカでも一九世紀後半までなくなりはしなかった。

入植者の国アメリカでは、みずから国家をつくり出さねばならない特別な風土があった。入植当時だけでなく、独立を果たした新生国家成立以降でも、とくに南部や西部開拓では自治の問題が喫緊の課題であった。治安維持網が脆弱であったので、保安官と自警団の役割が重要視され、そのため銃の所持が容認された。これは自然の成り行きであったが、決闘文化にも大きな影響を与えた。ヨーロッパの貴族や騎士のかわりに、アメリカでは軍人と政治家、農業主が決闘に深くかかわった。すなわち新生アメリカの開拓地におけるフロンティアと自衛というファクターが、アメリカ的決闘を生み出したという点が大きな特徴であった。

ではアメリカ的決闘とは何か。ヨーロッパでは手順を踏んだルール通りの決闘が行われてきた。アメリカの場合、ヨーロッパ風の決闘ルールも導入されたが、それ以外、入植者たちがその場の成り行きで

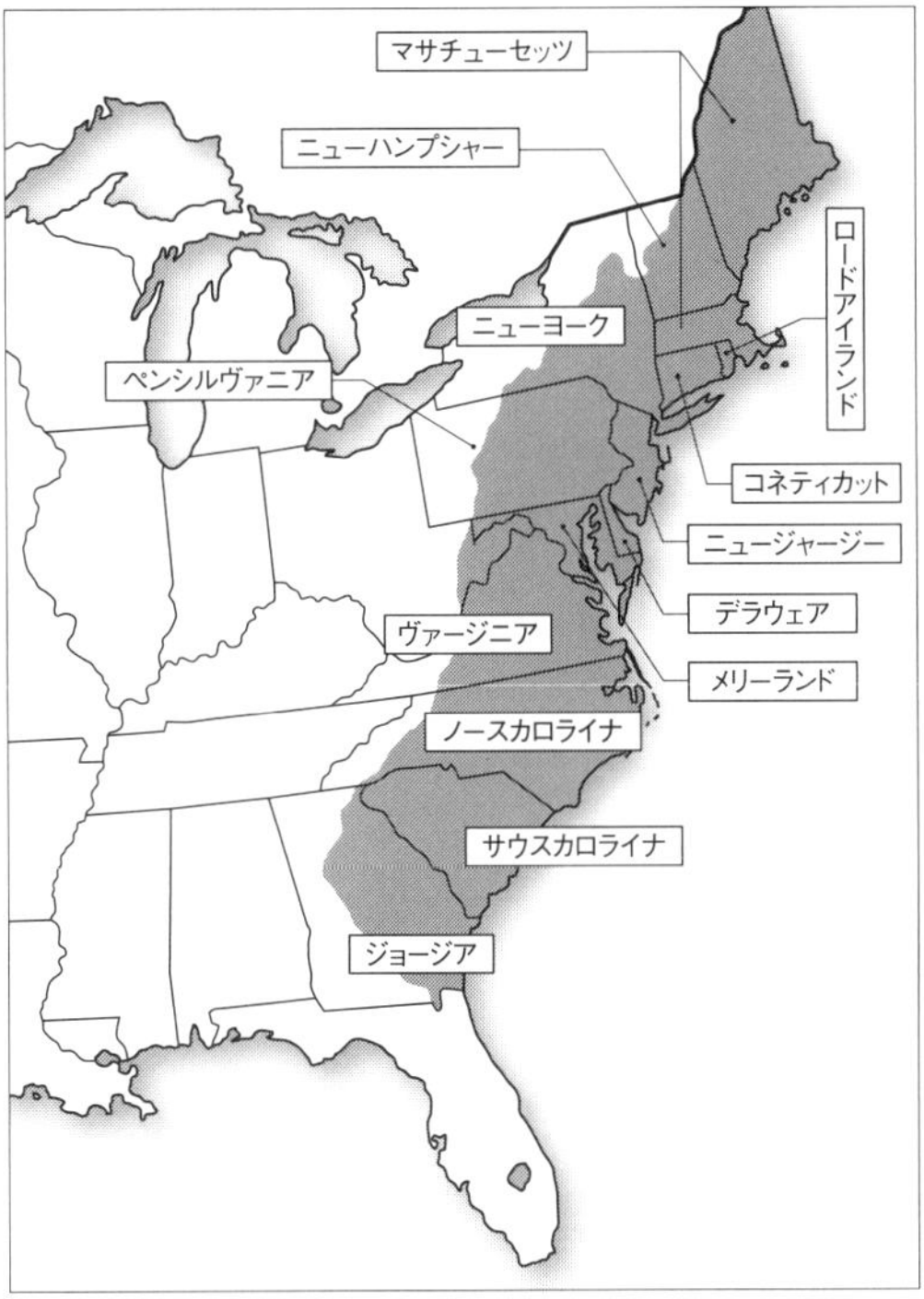

アメリカ独立13州

喧嘩をし、決闘に発展することがあった。これは本来、決闘というべきものではなかったが、アメリカではこれも決闘とみなされた。人びとは自衛のために銃を所持していたので、決闘も身近なピストルによるものが大半を占めるようになった。このようなピストルを主体とした、決闘による決着という新大陸独自の局面が生み出された。

また娯楽の少なかった一八世紀末のアメリカで、とくにペンシルヴァニア州のフィラデルフィアでは「決闘ショー」が流行った。これは動物虐待や一連の残酷な見世物の延長線上に位置づけられる。ショーには黒人も登場し、二人が対決する一種の殴り合いが多く、武器を用いるものもあった。観客は賭けをして興奮したが、試合はあからさまな人種差別であった。後に防具を付けたり、ルールを厳格化し、野蛮性を排除して、これがボクシングやレスリングのようにスポーツ化していったが、ピューリタン側からは、娯楽、賭博撲滅運動のターゲットにされ、結局、この「決闘ショー」は消滅させられた。

もうひとつアメリカの文化的特徴として、一八世紀末にサウスカロライナ州のチャールストンに決闘協会というクラブが設立された。これは決闘のルールを遵守し、その趣旨を広めることを目的としていた。アメリカ人は人と人とのかかわりを結社やクラブに求め、現在でもフリーメイソンやロータリークラブが盛んであり、一昔前までクー・クラックス・クランが大きな勢力を誇っていた。ただし、くだんの決闘協会もアンチ決闘協会によって消滅させられ、議会も反決闘の決議を採択した。

それでも広大なアメリカには地域差が大きく、北部はイギリス文化の影響を強く受け、生真面目さがあった。南部は農業中心の粗野な気風があり、中部や西部は一攫千金を夢見る無法者が多く、これらの地域は文化的にフランス、スペインの影響を受けていた。それは決闘にも影響し、北部では立会人やセコンドを重視したのに対し、南部や西部ではルールを無視して感情に委ねて暴発する傾向があった。決闘の武器の選定において、イギリス型ではピストルが、フランス、スペイン型では剣が好まれた。南部のニューオーリンズを中心とした地域は、とくに開拓時代はフランス貴族の決闘の影響下にあったといえよう。

一八四〇年代にカリフォルニアで金鉱が発見され、いわゆる「西部開拓時代」が始まると、決闘の中心地は、野心家が集まる西部に移っていった。ここに一攫千金を夢見た人びとが結集したからである。西部での決闘はヨーロッパ大陸と異なった粗野な動機に基づいたものであり、人びとは、銃の腕試し、そして相手を打倒したいという結果を求めた。

アメリカの決闘は記録に残るだけでも多いが、西部では、ヨーロッパのように形式化されたルールより、前述のように感情に任せてのワイルドな争いの解決法という傾向が強かった。まさに無法者の決闘以前の社会のようで、その風潮は決闘というルール内で、果たし状、立会人を交えた方法においても影響を与えた。こうしてアメリカ型の決闘パターンが生み出されたのである。本書では以下に、アメリカ的な決闘の典型例として西部劇、そして血の気の多いジャクソン大統領のエピソードを採り上げる。

西部劇の虚像と実像

アメリカの決闘といえば西部劇の場面を連想する人が多い。その全盛期を知るものにとっては、西部劇の決闘の印象があまりにも強烈であったからだ。しかし西部劇は映画技術史からみると、いうまでもなく決闘の終焉後に制作されたものである。西部劇全盛期は一九四〇年代後半から六〇年代にかけてであったので、開拓時のアメリカの懐古的な作品であったといえる。その題材は史実にもとづくものもあるが、多くは脚色された娯楽的なフィクションである。人びとはそれによって、観客として決闘のスリルを鑑賞し、カタルシスを味わった。

たとえばアメリカでは果たし状において、相手を挑発するような張り紙で、決闘を仕向けるようなことも頻繁に起こった。西部劇でもその挑発の方法として、果たし状は戸口、酒場、人目の付く場所に張り出される場面があった。したがって決闘は、本来のヨーロッパ的な意味におけるものと異なったが、ピストルの所持が合法化されたアメリカでは、決闘それ自体はヨーロッパより増えていた。それは開拓期のアメリカ的ワイルドな社会が醸成した決闘文化といえるであろう。

たとえば『荒野の決闘』、『OK牧場の決闘』は、もともとアリゾナ準州で起きた史実の決闘をベースに映画化されたものである。その点、史実と比較すれば、決闘の実態が明らかになる。しかし『OK牧場の決闘』は西部開拓の時代におけるならず者の乱闘というのが実態で、ヨーロッパで行われていた立会人のもとルールを決めた決闘とは異なり、一種の恣意的な集団の銃撃戦であった。アメリカの場合、暴徒の群れが乱闘をしているものも決闘と呼んだからである。

一九五二年制作・公開の『真昼の決闘』では、保安官役のゲイリー・クーパーが一対四で戦うというストーリーで、ヒーローの電光石火の早撃ちで決着をみる。その緊張感が西部劇の醍醐味であるが、これはアメリカ映画の美学であって、様式化されたものであった。現実には当時のピストルは構造上、早撃ちには向いてなく、実際には、史実の決闘で早撃ちの技を駆使したのはほんの数えるほどしかない。

それでも西部劇映画は、アメリカの開拓史時代をほうふつとさせるうってつけのメディアであった。フロンティア精神、ヒーローとなる保安官、ネイティヴ・アメリカンとの対決、これらはアメリカだけでなく、アメリカ映画を受容した日本においても、痛快なストーリーであった。しかし歴史的には西部開拓とゴールドラッシュ・アメリカンドリームは、ネイティヴ・アメリカンの犠牲の上に成り立っていた。現実の西部開拓は、いうまでもなくかれらの排除と差別の歴史であったからだ。したがって現在では西部劇はイデオロギー的にも成立しない話であり、今後もかつての西部劇は復活することはないであろう。(浜本隆志)

決闘を繰り返したアメリカ大統領

第七代アメリカ大統領アンドリュー・ジャクソン(一七六七～一八四五)は、アメリカ史の中でももっともつかみどころのない人物である。かれは大統領にも上り詰めた偉大な政治家であると同時に、一人の無鉄砲な無頼漢であり、決闘好きの男として有名であった。農民出身の大統領として、今でいう反知性主義の立場に立ち、歴史に残る改革と「インディアン」弾圧を行った特異な人物であった。現二〇ドル紙幣に肖像画が載っているので、アメリカでは評価された大統領であったのだろう。多くのエピソードを残しているが、ここでは決闘を中心に見ておきたい。

ジャクソンは一四歳の時に、すでにその人並外れた大胆さを証明している。アメリカ独立戦争が始まると、かれは急使として軍に勤務したが、やがて、イギリス軍に捕らえられた。ある時、一人のイギリス人将校コフィン少佐がかれにブーツを磨くように命じると、ジャクソンは、「わたしは戦時捕虜であり、それにふさわしい扱いを受けることを望みます」と返答して、その命令を拒絶した。これに激怒した将校がサーベルで斬りつけると、かれは左腕をすばやく上げ、その一撃を辛うじて食い止めたが、刀身はかれの手の関節を切断し、骨まで達した（次ページ図）。額と手に残った傷痕は、かれが争いごとで受けた最初のものとなった。

農民出身であったが、法律を学んだこの無鉄砲な若者は、その後、馬にまたがり二一歳で開拓期の西南部へ行き、国境の開拓地でかれの輝かしい未来を切り開いていくことになる。最初の活動の場はアメリカ中南部の現アーカンソー州のジョーンズボローであり、当地でかれは人生で最初の決闘を経験することになる。そのきっかけとなったのは、以下のようなやり取りであった。

若いジャクソンの法律的知識はまだまだ乏しく、弁護士としての経験も浅かったが、かれはこの開拓地の人びとのメンタリティーを理解する術を心得ていたので、かれに弁護を依頼する者は後を絶たなかった。ある公判で、年輩の法律家エイブリィは、ジャクソンの法律的知識の乏しさを嘲笑した。

これに対して、ジャクソンは、辛辣な口調でこう言い返した。「たしかに、わたしはあなたほどには法律をよく理解していないかもしれませんが、いずれにせよ、権利のない報酬を不当に受け取るつもりはないことくらい十分承知しています。」法廷は驚きと沈黙に包まれた。

「ミスター・ジャクソン、あなたは、わたしが不当な報酬を受け取ってきたとでもおっしゃりたいのか？」とエイブリィが尋ねると、「まさにその通りです！」とジャクソンは応えた。「まったくの虚言《でたらめ》だ！」とエイブリィは怒った。

この論争に対してジャクソンは、決闘を申し込み、二人は町の北の方にある低地で対峙した。しかし意外なことに、おたがいピストルを空に向けて発射した。そして双方握手をしてこの決闘は終わった。かれらは本気で決闘する気がなかったが、けじめをつけようとしたのであろう。ジャクソンのそれ以降の人生において、これほどまでに危険をともなわないかたちで決闘が終わったことは一度もなかった。

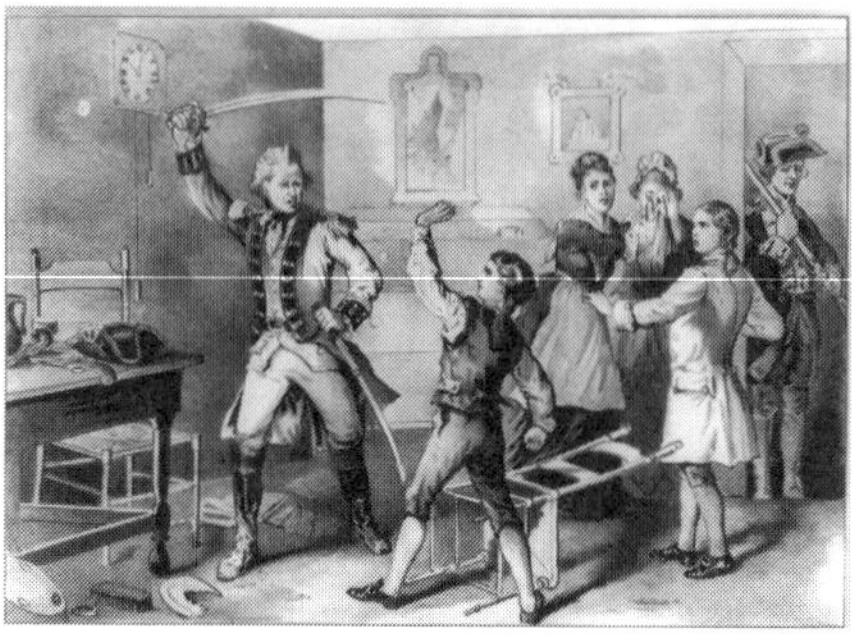
イギリス人将校コフィンに立ち向かうジャクソン少年（1876）

三〇歳になったジャクソンは、一七九六年にはテネシー州代表の下院議員となり、翌年には民主共和党から上院議員として選出された。さらには一八〇四年まで、テネシー州検事総長をも務め、ついにはアメリカ市民軍少将にまで上り詰めた。ジャクソンのこの輝かしい出世は、アメリカ独立戦争における英雄として名声を博していた、かれの政敵ジョン・セビア（一七四五～一八一五、テネシー州知事、下院議員）にとっては癪の種であった。なぜなら、かれはジャクソンから公の場で土地詐欺師呼ばわりされていたからである。
一八〇五年、テネシー州知事セビアは、裁判所の一室で、熱のこもった演説を行い、その中で公共の福祉に対する自分の功績を自慢し、ジャクソンの政治的野心を嘲笑した。これを聞いていたジャクソンはすぐさま反論した。「知事殿！　あなたはわたしを誹謗することはできません。わたしもこの州のために尽力してきました。つまり……」。セビアは、嘲笑的な笑みを浮かべながら、ジャクソンの言葉を遮った。「尽力してきたですと？　あなたがこの地域のためにどんな尽力をしてきたのか、わたしはまったく知りません。他人の奥さんとナチェズにいっしょに行ったこと以外は……」。こうして政敵はジャクソンの結婚のいきさつを揶揄したのである。

というのもジャクソンの妻レイチェルは再婚であり、二人の結婚には次のようないきさつがあったからである。彼女の初婚の夫は粗暴かつ焼き餅焼きで、すぐに暴力をふるうような男だったので、彼女が実家へ帰っているうちにジャクソンと知り合い、二人は結婚した。しかし初婚の男が押しかけてきたので、二人はミシシッピ川下流部のナチェズまで逃亡したことがあった。さらに、最初の夫との離婚手続きに不備があり、結果的に二年以上もの間、ジャクソンは妻レイチェルと不倫生活を送っていたことになった。政敵セビアはこの古傷を持ちだしたのである。

政敵の発した言葉に、一瞬その場は凍るように静まり返った。ジャクソンの顔は怒りで真っ赤になっ

アメリカ大統領ジャクソン

妻レイチェル

た。「おい、何だと！　彼女の名前を汚そうというのか！」と叫ぶと、ジャクソンは、ステッキを振り上げてセビアに襲い掛かった。セビアは即座にサーベルを抜いた。その場にいた男たちが二人の間に割り込んで二人を制止した。しかしジャクソンは、この挑発を許すことができず、決闘で決着をつけることを主張した。

決闘はテネシー州で禁じられていたので、ジャクソンは馬にまたがり、介添え人と医者をともなって、近くの「インディアン」居住地区まで行き、決闘の約束の場で相手を待ち受けた。五日経っても来なかったので、ジャクソンは家路につこうとした時、セビアが武装した男たちをともなってついに姿を現した。その中にはセビアの息子の姿もあった。

両者とも馬から飛び降り、おたがいに両手にピストルを持ち、二〇歩の距離まで近づいた。ところが二人は、引き金を引く代わりに、口汚くたがいを罵り始めた。それから、かれらは二人ともピストルを馬の鞍袋にしまい込み、仕込みづえとサーベルを手にして対峙した。その時、それに怯えたセビアの馬が、ピストルの入った鞍袋もろともその場から逃げ去った。ジャクソンが自分の馬の鞍袋からピストルを取り出すと、セビアは木の後ろに身を隠しながら、「丸腰の相手に発砲するのか」と叫んだ。その時、セビアの息子がジャクソンめがけてピストルを構え、ジャクソンの介添え人がセビアの息子に銃口を向けた。しかし、結果としては奇跡的に誰も負傷せず、双方とも決闘をやめることに合意した。

この決闘は茶番のような結果に終わったが、ジャクソンはさらにテネシー州一の射撃の名手チャールズ・ディキンソン（一七八〇年〜一八〇六年五月三〇日）と、妻レイチェルをめぐるいざこざに端を発し、決闘する羽目に陥った。そのいきさつはこうである。ジャクソンは、ディキンソンがサロンでレイチェルの名前を度々口にし、誹謗しているといううわさを耳にした。釈明を求められたディキンソンは、「酒に酔っていました。申し訳ありません」と正式に謝罪した。これは、ナッシュビルでは、法的に正当性を認められる釈明であり、ジャクソンは、たとえ大いに憤慨したとしても、これを受け入れざるを得なかった。決闘を巡る両者の確執はこれで終わりになるかのように見えた。

しかしそれからしばらくして、優勝賞金二千ドルの競馬レースがあり、ジャクソンが所有する馬が相手方の馬の怪我によって不戦勝をした。ジャクソンは相手方が払う没収金を受け取る権利があった。その金の手形の支払いをめぐって、喧嘩仲であったディキンソンがジャクソンを激しく誹謗・中傷する記事を新聞に投稿した。怒り心頭のジャクソンは直ちに決闘を申し入れ、ディキンソンもこれを受け入れた。長い間待ち望んでいた瞬間がついにやってきた。

決闘は、一八〇六年五月三〇日の日の出にケンタッキーのレッド・リバー川辺の森の空地で行われることになった。エレガントな青い制服のジャケットを着た背の高いすらりとしたジャクソンが、介添え人のオウヴァートンとともにまず姿を現した。事前にもう一度決闘のルールが説明された。オウヴァートンが、開始の号令を出すことになった。かれは「それでは皆さん、用意はできましたか?」と確認した。「できた」と双方が答えると、「撃て!」の号令が轟いた。情け容赦のないピストルの使い手として恐れられていたディキンソンが最初に発砲した。ジャクソンは動かずその場で立ったままであった。それからジャクソンが撃った。ジャクソンの弾は命中し、ディキンソンはよろめいて倒れた。そしてかれはその決闘によって死んだ。

ジャクソンとディキンソンの決闘

ジャクソンは、馬で家に戻ったが、重傷を負い、出血も止まらなかった。しかし奇跡的に一命はとりとめた。きゃしゃな体つきを隠すため、常にジャケットを非常にゆったり目に仕立てさせていたので、ディキンソンのピストルが極めて正確に心臓のあたりを捉えていたにもかかわらず、ジャケットがだぶだぶであったので、弾はずれてジャクソンの肋骨と胸骨に当たっただけであった。しかし、その弾は体内から取り出すことはできず、後遺症として生涯彼を苦しめることになる。(菅野瑞治也)

第二章　ヨーロッパの決闘禁止令

1　決闘の蔓延とカトリック

決闘を禁止するカトリック

キリスト教は中世ヨーロッパに全盛期を迎えたが、その時代の人びとは精神主義に傾倒し、肉体は軽視されてきた。修行においても、断食、苦行、托鉢《たくはつ》、聖地巡礼など、肉体をさいなむものが尊重され、そうすれば人間は神の世界に限りなく近づくことができるとされた。いわゆる「清貧の思想」が中世の一二世紀頃まで称揚され、人びとはそれを目標に生活してきた。肉体を犠牲にするのは、神という絶対的な存在のためなら価値のあるものとなった。逆に生命や人間存在を名誉心や虚栄心、怒りのために粗末にすることは許されないことであった。

決闘は肉体と精神が逆転した行為である。名誉心や怒りという精神的衝動を肉体によってあがなおうとするからだ。内面に湧き起こる精神作用を抑え、他者との関係を円滑化することが修行であり、人間形成であって、それは神の意にかなうものであった。キリスト教は愛の宗教といわれるように、隣人愛の精神で人びとを救済しようとしたからである。その意味においてキリスト教と決闘は本来、相容れないものであった。

しかし問題はそれほど単純なものではなく、神を絶対視したローマ・カトリックは、全能の神に正邪の裁定をゆだねるという神明裁判や決闘裁判を、元来、神の思し召しとして全面的に受け入れていた。

しかしながら、同時に、教会はその残酷な面を座視することができず、決闘の撲滅に乗り出し、最終的には、決闘を非キリスト教的なものとして断罪せざるを得なかった。だから教会の決闘政策は、何世紀にも渡って揺らぎ続けた。

ローマ教皇レオ四世（在位八四七〜八五五）は、決闘および決闘裁判を公然と非難した最初の人物である。教皇は八五五年、フランスのヴァランスのカトリック公会議で、決闘に関与した者は、教会から破門すると公言し、それによって決闘禁止が決議された。ところが九六七年、イタリアのラヴェンナの公会議において、ヴァランスの決議は撤回され、偽証（偽りの宣誓）を防止するため、立証手段としての決闘裁判は改めて認められた。

さらに十字軍の遠征は、キリスト教と決闘の問題を複雑化させた。聖戦は推奨され、戦いも神の意思の一部であるという考え方が広まっていったからである。しかしその後、十字軍の派遣が失敗に終わると、聖戦の機運が低調になってくる。これがキリスト教の決闘観にも影響を及ぼし、再び決闘批判が強くなってきた。（菅野瑞治也）

野蛮な決闘

次ページ図は一五世紀の王侯の決闘図であるが、南ドイツのルドルフ・フォン・ケーニヒエッグに仕えていた決闘請負人のハンス・タールホッファー（一四二〇〜九〇）が描いたものである。これは決闘請負人自身ではなく、王自らが決闘したので、自分の仕える王を顕彰する意味で記録に残したものとみられる。

図上左は決闘直後の場面で、敗者が喉を斬られ、血を流している。図上右では介添え人が敗者の鎧兜を脱がせているが、図下左の当該の人物はもう絶命して棺《ひつぎ》に入れられているところである。他方、図下右に描かれているのが勝者のケーニヒエッグ王であり、それは王家の紋章によって示されている。王は神に感謝をして祈りをささげているが、前夜に教会に参拝して、起請文を奉納していたからである。しかしこのような凄惨な光景は、決闘を野蛮な行為とみなす風潮を醸成していった。

一四七三年、スペインのトレドで開かれたカトリック公会議は、ヴァランスにおける決闘禁止の議決を再び確認した。さらに最終的にトリエント公会議（一五四五〜六三）において決闘は弾劾され、全面的に禁止された。この公会議で決定された決闘に関する諸規定をごく簡単に要約するとおおむね次のよ

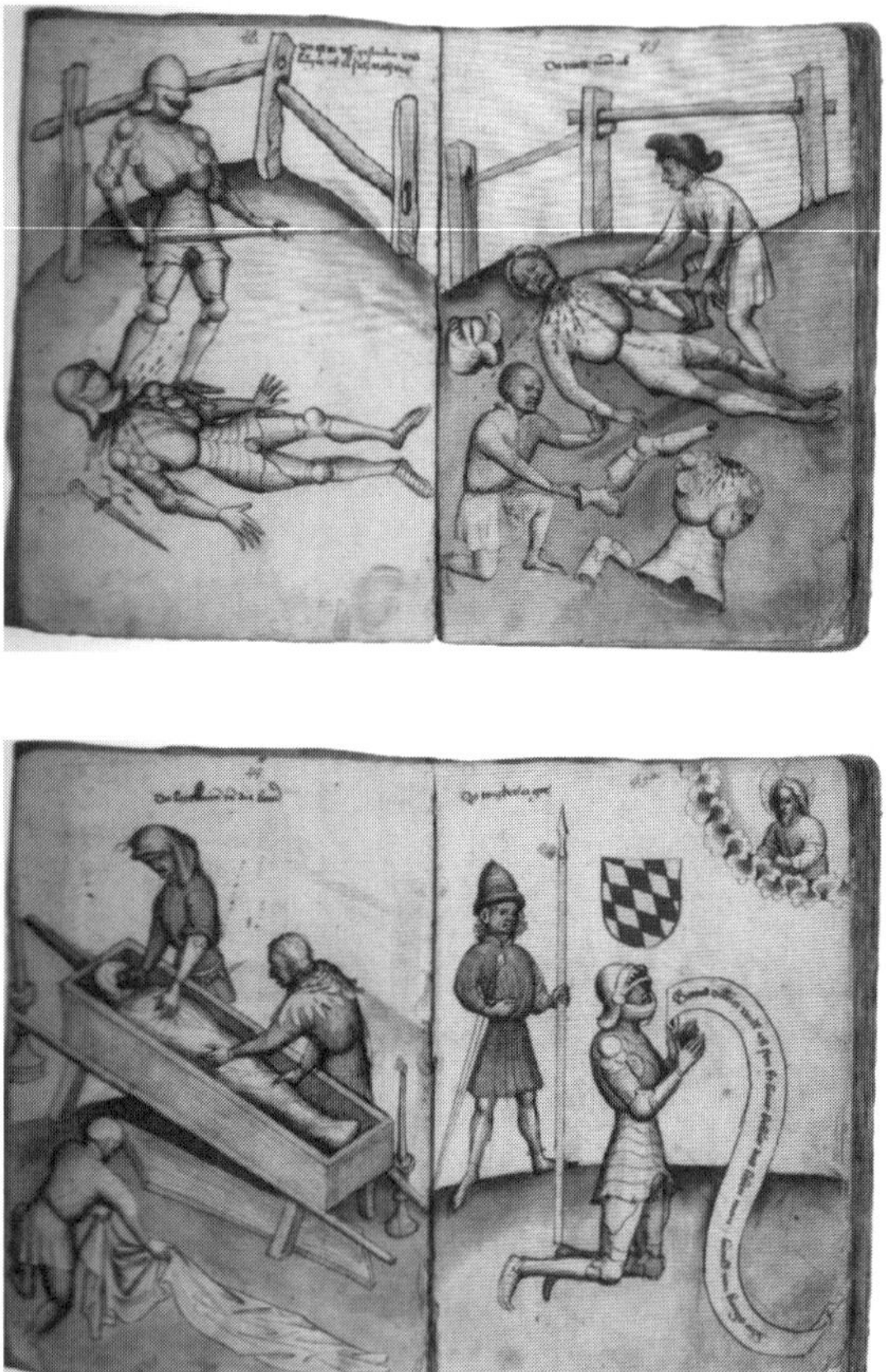

ケーニヒエッグ王の決闘

うになる。

この嫌悪すべき決闘の習慣は、悪魔の囁きによって持ち込まれたものであり、肉体の無残な死を通して、魂の破滅をもたらすものである。これはキリスト教の世界から完全に根絶されなければならない。……決闘を行った本人も介添え人も、教会から破門され、すべての財産および公民権の喪失という厳罰を受ける。決闘で命を落とした者は教会では埋葬されない。見物人を含め、決闘に関与したその他すべての人間も、教会から破門・追放される。

トリエント公会議

これにより、決闘を行った当事者だけではなくて、己の統治する領域で決闘を助勢した君主や領主も、教会から破門されることになった。決闘に関するそれ以前の教会の諸規定に比べて、トリエント公会議の決定が、これほどまでにきびしく、断固としたものにならざるを得なかったのはなぜであろうか。その背景として、イタリアに興《おこ》ったルネサンスの宗教観の変化と、カトリック教会側の危機感が挙げられよう。

一四世紀に始まったとされるルネサンスは、古代のギリシャ、ローマ時代のみずみずしい肉体美や均整美を賛美するようになった。このような視点から精神主義より肉体の復権が主張された。それまでの他律的な人間に代わって、宗教的なものの束縛を受けない、あるいは、自分自身の意志と考えにもとづいて行動する自律的な個人をも生み出していった。かつての一二～一三世紀のキリスト教全盛期の権威が揺らぎ始め、それがイタリアだけでなく、広くヨーロッパ全域の決闘観にも影響を与えたといえよう。公会議の反決闘主義は、その危機感の表れであった。（菅野瑞治也・浜本隆志）

有名無実の決闘禁止令

一五世紀から一六世紀にかけて、まずイタリアにおいて、それまでの宗教的な神明裁判や騎士の騎乗試合に代わって、「近代的な決闘」が誕生した。これは決闘の再評価も促し、力の誇示、強者の論理への信奉を復活させた。「近代的な決闘」は、統制するもののない、ある種のニヒリズムによってもたらされたといってよい。

いたるところで、何の規則も秩序もない決闘が繰り広げられていった。トリエント公会議の決闘に関する決定が、これまでになく厳格な内容になった理由は、この状況とも表裏一体の関係にある。しかしながら、公会議の決定事項をどのように解釈するかは、実際のところ、それぞれの司教・大司教などの高位聖職者に委ねられていた。

一四九五年、前述のようにヴォルムスの帝国議会で永久ラント平和令が制定され、これによってフェーデ（私闘）は帝国全土で永久に禁止されることになった（二七ページ参照）。しかし有力な帝国諸侯と私人にとって、この法律は単なる一枚の白い紙切れであり続けた。実際、中世に行われた私的な決闘の数は実に夥しいものであった。すでに述べたように、八五五年のカトリック公会議で決議された決闘禁止令が、一四七三年の公会議でも再確認され、また一四八六年に、カスティリア（スペイン）で、法律が決闘を禁じたにもかかわらず、ヨーロッパのいたるところで、人びとは己の名誉を守るために決闘に明け暮れた。

だからトリエント公会議（一五四五〜六三）で決められたこの上なく厳格な決闘禁止令も、結果的にはほとんど何の効果ももたらさなかった。貴人は、教会で刀礼（中世において若者が騎士になる際の儀式で、主君がかれをその場でひざまずかせて、剣で肩を軽く打った）が施され、騎士の位が授けられた。そして、かれは、神と聖ミカエル、聖ゲオルギウスの名において、イエス＝キリストや、信仰と祖国のために、血の最後の一滴まで戦い、危険を顧みず、未婚の女性、寡婦、そして、孤児の正義を守り、何人をも悪意を持って攻撃しないことを誓った。

刀礼においては、「お前が今からうける一撃（刀礼）は、復讐することなく、お前が耐えるべき最後の屈辱となろう」という呼びかけの言葉が主君によって唱えられた。これにより、決闘を抑止する騎士の心得が諭された。当時、馬に乗り、ヘルメットを被って戦うという騎士の騎乗試合は、おおいに流行し、騎士たちは、自分の名誉と名声を勝ち取るために戦った。しかし、キリスト教の決闘禁止令や刀礼における復讐を避けようとする騎士道精神は、実際のところ有名無実であり、決闘はなくなることはなかった。

しばらくの間、名誉を守るための手段としての決闘は、ロマンス語圏の国々に限定されたままであった。イタリアやフランスと並んで、スペインもそうした決闘の中心地であった。ところが、一五一九年、スペインとオランダの王であるハプスブルク家のカール五世（在位一五一九〜五六）が神聖ローマ皇帝とドイツ王に選出され、それを境にして、スペインの決闘の慣習が北方ドイツの領邦諸国家にも浸透していくことになる。（菅野瑞治也）

フランス王ジャン２世（在位 1350-64）による騎士叙任の刀礼

2 ヨーロッパ王侯による決闘規制

ヨーロッパ王侯の決闘禁止令

中世以来の決闘の蔓延によって、キリスト教だけでなく、やがて諸侯たちや立法者もこれを放置できなくなり、決闘の撲滅に乗り出した。統治する側から見ても、決闘による殺戮は統治の不完全性を露呈させるものであったからだ。歴史をさかのぼるとすでに六四三年に、ランゴバルト王国（五六八～七七四年の間存在した中世イタリアの王国）の国王ロターリ（在位六三六～五二）は、「ロターリ王法典」を編纂し、その中で決闘の蔓延に対して予防措置を講じた。その後、同様に、フランク王国の王ダゴベルト一世（在位六二九～三九）や、「ヨーロッパの父」と呼ばれるカール大帝（七四二～八一四）も、決闘裁判をきびしく規制した。

さらに一六世紀に入ると、短剣や細身のデーゲンが、鈍重な剣にとって替わった。決闘裁判は姿を消し、それに代わって、名誉をめぐる争いごとに決着をつけるための個人的決闘（私闘）が急速に広がっていった。王侯・君主たちは、特に将校団の中で深く根をおろしていたこの悪習に、歯止めをかけようとさまざまな措置を講じたが、いずれも功を奏さなかった。王侯そのものが騎士や軍隊という武装集団を臣下として常備していたので、その暴力装置じたいが決闘を温存していたからである。

フランス王国のルイ一三世のもとで宰相を務めたリシュリュー（四三ページ参照）は、中世以来、決闘の習慣を維持してきた貴族たちに対して、決闘禁止令を出したが、貴族たちの激しい抵抗にあった。リシュリューの厳格な決闘禁止令は、結果的に、決闘熱を鎮めるどころか、むしろ、それによって逆に決闘の数は激増した。つまりこのことは、決闘を法律の力で抑え込もうとすると、当時は必ず失敗するということを証明してしまった。

　こうして決闘の数は、一六世紀後半、フランスのシャルル九世（在位一五六〇～七四）、アンリ三世（在位一五七四～八九）、そして、アンリ四世（在位一五八九～一六一〇）の時代に激増し、とくに後者の治政下の約二〇年間に、およそ一万件の決闘が行われたとされる。一六四三年にルイ一四世が王位につく直前には、決闘で命を落とした貴族の男の数は、少なく見積もっても年に五〇〇〇人に達したといわれている。

　太陽王と呼ばれたフランス国王ルイ一四世（在位一六四三～一七一五）は、その状況を打開するために「公益の同盟」を創設した。これは、如何なる決闘の申し入れも受け入れないと誓った貴族たちの結社であった。このような「公益の同盟」によって、貴族の間の決闘数はルイ一四世時代には減少した。強力な絶対王政が支配の効力を発揮したからである。スウェーデン王グスタフ二世（在位一六一一～三二）も、決闘好きの将校たちを脅かして決闘をやめさせるために極めてユニークな方法を考えついた。

　二人の中隊長が決闘の約束の場所に姿を現した時、かれらは王だけではなく、用意された絞首台の横に絞首刑吏（死刑執行人）がいるのを見つけて唖然とした。「諸君、今から決闘することを許そう。ただし決闘が終わった後、ただちに勝者も絞首刑になることを申し添えておこう」とグ

ルイ14世

スタフ王はいった。この二人の将校がその場で大急ぎで和解したとしても、何ら不思議ではなかった。このような「劇薬」を用いなければ、高揚した対決の熱気は押さえつけることができなかったのである。

ロシアの決闘禁止令

ロシア人は気候条件が影響してか、南欧のように血気盛んではなく、冷静な性格の持ち主が多いという通説はある。それでもヨーロッパ宮廷における決闘文化が伝播し、代理決闘も行われていた事実は記録に残るが、中世の騎士道やそれに由来する名誉の決闘が外来文化であったので、近代まで決闘はほとんどみられない。それには上からの皇帝（ツァーリ）による決闘禁止令の影響も大きかった。

ロシアのピョートル大帝（在位一六八二～一七二五）は、西洋化を推進したが、西ヨーロッパで流行していた決闘は軍隊の力を弱める野蛮な行為として禁止した。すなわち決闘を申し入れた者に限らず、決闘の場に居合わせた者の中で、決闘を阻止しようと力の限り尽くしたということを証明できない者はすべて絞首刑に処すという勅令を出した。

絶対君主にとって、法体制が重要であって、決闘反対の理由は人命という視点ではなく、決闘が王権の絶対性の冒瀆行為であったからである。臣下の決闘を威嚇によって押さえつけるのは、絶対王制を確立させるためには、必要な所作であった。その結果、たしかに命令に反して臣下が決闘を行うということが困難になった。ただし、その王権の権威が揺らいだり、決闘を行った臣下に温情をかけたりすると、決闘熱が再燃するというイタチごっこが続いた。

国民詩人プーシキンの決闘死

ロシアの決闘史においては、国民的な詩人プーシキン（一七九九～一八三七）の決闘による死が有名である。下級貴族出身であるかれは、急進的な作家として知られ、農奴制改革を唱え、政治活動を企てる。青年時代から決闘好きで、作品にも『大尉の娘』など決闘をテーマにしたものがある。かれは実際に決闘を申し込んだり、申し込まれたりしたが、少なくとも決闘を四度行い、強運と冷静な対決を自慢していた。ニコライ一世統治下の宮廷では、かれの急進的な改革に対して反発も強かったが、それでも宮廷の出入りは許されていた。

かれに敵対するロシア貴族はプーシキンの政治活動を好ましく思わず、ある策略を巡らせた。プーシキンの妻ナターリアは美人であったので、ロシア宮廷の出入りを許されたフランス人士官の男性ダンテスを彼女に言い寄らせ、それを巡ってプーシキンが決闘を行うよう仕向けた。かれはその策に嵌まってしまった。一八三七年一月二七日に、ペテルブルク郊外の決闘の場所に現れたプーシキンは、ダンテスの銃弾に倒れ、それがもとで二日後に三七歳で死んでしまった。当時も決闘禁止令下であったが、かれはニコライ一世に知人を介して伝言を残しており、温情を依頼していた。皇帝はそれに応え、プーシキンの妻と四人の遺児にも年金を与えた。(菅野瑞治也)

プーシキン

ナターリア

3 啓蒙君主、フリードリヒ二世とヨーゼフ二世の決闘禁止令

フリードリヒ二世の決闘観

一八世紀に登場した啓蒙君主たちは、専制君主といささか異なった決闘観を持っていた。かれらは専制君主と同様、上から決闘に対してきびしく対処したが、それは理性的に臣下の人命を尊重したためであった。すなわち力ではなく、理性によって決闘を野蛮なものとして撲滅しようと指導した。では具体的に、かれらが決闘にどのように対処してきたのかを次に概観しておこう。

一八世紀のドイツとオーストリアにおいても、従来の専制的な王侯・君主たちは、権力による法的な側面から貴族の決闘熱を鎮静化しようと試みた。プロイセンのブランデンブルク選帝侯フリードリヒ・ヴィルヘルム一世（在位一六四〇～八八）は、一七世紀において既に、決闘を行った者に対して極めて残忍な刑罰を与えることを命じていた。一八世紀の王侯・君主たちも蔓延する決闘病に対しておおむね同じような、威嚇による抑圧策を行使している。

プロイセンのフリードリヒ二世（大王、在位一七四〇～八六）は、啓蒙君主としてよく知られ、ヴォルテールとも親交を結んだが、もちろん野蛮な決闘についても否定的態度を貫いた。王は、「わたしは勇敢な将校を愛するが、死刑執行人はわが軍隊には要らない」と述べ、決闘で相手を殺害したある将校に即刻辞職を命じた。それを示すエピソードとして、上官から決闘を申し入れられた将校の権利に関す

る王の訓令をみておこう。この注目すべき文書には次のように記されている。

わが親愛なるフォン・ザルダーン少将殿

軍隊における服従関係を維持するために、軍人服務規定の補遺として、次のことを通達したい。もしある将校が、かれの上官、もしくは参謀将校から罵倒されたり、またステッキを振り上げて脅されたりしたとしたら、職務中であるかぎり、その将校は、その場でそのままおとなしくしていなければならない。

それに対して、仮にある将校が上官や参謀将校から激しい言葉で叱責されたり、あれやこれやの理由で誤りを指摘されたりして、厚かましくもその将校が、その上官や参謀将校に決闘による名誉回復を求め、かれらに決闘を申し入れた場合には、その将校は、八年の城塞禁固刑に、また、実際に剣を抜いて決闘した場合には、終身城塞禁固刑に処せられることとする。しかしその際、決闘を行った結果、当該の将校が上官もしくは参謀将校を負傷させた場合は免職となり、それが勤務中に行われた場合は、その将校は斬首刑に処せられることとする。わたしのこの厳命を、少将の連隊の将校たちに通達し、注意を喚起していただきたい。

フリードリヒ二世、一七四四年五月一日ポツダムにて

フリードリヒ2世

フリードリヒ二世は将校の名誉の重要性を認めてはいるが、

それを決闘によって解決することには否定的であることがわかる。

ヨーゼフ二世の決闘禁止

このフリードリヒ二世と同じく、一七五五年に、オーストリアの女帝マリア・テレジア（在位一七四〇〜八〇）によって出された重罪刑事裁判法は、決闘者を死刑に処することを定めていた。その後、女帝は一七六八年にも決闘禁止令を発布している。さらにマリア・テレジアの長男、神聖ローマ皇帝ヨーゼフ二世（マリー・アントワネットの兄、在位一七六五〜九〇）も、啓蒙君主としても知られていたが、決闘を行ったため拘禁された二人の将校に対して法廷で次のように述べた。「わたしはたとえわが将校たちの半数を犠牲にしたとしても、野蛮な決闘を根絶する決心をしたのだ」。

ヨーゼフ2世

皇帝は容赦なく決闘を非難したが、その理念は急進的改革者として名高い皇帝の権威を高めるためではなく、人道主義的な視点からなされたものである。皇帝が、ある将官にあてた一通の興味深い手紙がそのことを物語っている。

親愛なる将官！

K伯爵とW大尉の二人の身柄をただちに拘束していただきたい。K伯爵は、若くて血気盛んで、かれの出自と誤った名誉心に惑わされている。また、W大尉は、兵卒上がりのつわもので、あらゆる事柄に刀とピストルで決着をつけようとし、若いK伯爵からの決闘の申し入れを即刻受け入れた。

わが軍隊の中における決闘を、わたしは断じて認めない。決闘を正当化しようと試み、それを冷徹に貫こうとするような両者の考え方を、わたしは軽蔑する。

敵軍からのあらゆる危険に勇敢に立ち向かい、攻撃の際にも、防御の際にも、あらゆる状況において、勇気、勇敢さ、そして意志の強さを持ち合わせた将校団を、わたしが持っていたとするなら、わたしはかれらを高く評価する。己の死をも恐れない態度は、祖国とかれらの名誉に役立つものであるからだ。

しかし、復讐と憎悪のためにすべてを犠牲にしようとする将校たちがその中にいたとすれば、わたしはかれらを軽蔑するだろう。そのような将校は、ローマのグラディエーターと何ら変わらないと思う。

いずれにせよ、先述の二人の将校に対する軍法会議を召集し、この件を公平に審理し、案件においてより多くの責任を負わなければならない方が、法の犠牲者にならなければならない。……

ウィーン、一七七一年八月

ヨーゼフ二世も決闘による解決ではなく、法による裁きに委ねるべきであるという近代的世界観を持っていたことがわかる。ただしこの皇帝は、実質的には決闘者に対して、減刑や恩赦を与えて温情を示した。（菅野瑞治也）

4 揺れ動くナポレオンの決闘観

二つの顔を持つナポレオン

偉大な英雄ナポレオン（一世、一七六九～一八二一）でさえ、「決闘は、元来が国家の所有物である個人の命を、ろくでもない個人的な事柄のために犠牲にするという点において、誤った名誉心にもとづくものである」と公言している。コルシカ島出身のナポレオンはフランス革命を経験し、優れた軍事能力を発揮して頭角を現した。かれは革命側に加わり、当時共和主義者となった。決闘という前近代的な貴族主義のしきたりに対しては、批判的にならざるをえなかった。かれの政治支配は合理主義にもとづき、新時代を切り拓いていこうとしたからである。ところがそれはナポレオンの一面に過ぎなかった。

かれが輝かしい戦功によって権力を掌握すると、皇帝の座に上り詰め、ヨーロッパに君臨するようになった。有名なベートーベンの『英雄』をめぐるエピソードも、共和主義者と思われていたナポレオンの貴族主義を糾弾するものであった。それに対してナポレオンは、自分の血筋が皇帝に値しないことを、高貴な血筋の女性との結婚によって解消しようと試みた。すなわちハプスブルク家の皇女マリー・ルイーズとの再婚は、かれが目指していた皇帝という権威の確立を物語る。ここからもかれの英雄志向の「弱点」がうかがえる。

ナポレオン時代の決闘文化

フランス革命を経て、ナポレオンの統治する時代が到来しても、貴族の決闘熱は軍隊を統括する将校たちが受け継いでいた。かれらが決闘好きであることをナポレオンはよく知っていた。配下の上級将官たち、すなわちジュノー、クレベール、オージュローなどは決闘経験者であり、佐官クラスも同様であった。たとえば、デュファイ大佐もその一人である。かれは一九歳のある将校と乗り合わせた馬車の中で決闘を行い、短刀でその将校を刺殺した。

当時の時代精神はボルドーのリングラン侯爵の決闘エピソードが物語る。誰にでも喧嘩を売る悪名の高い決闘好きの男リングラン侯爵は、ある時、見知らぬ若い夫婦の行く手をさえぎり、こういった。「あなたの奥さんに接吻し、あなたには平手打ちを喰らわせると断言しよう」。かれはそういい、また実際そうした。翌朝、二人は決闘をして、不幸なその若い夫は射殺された。またリングラン侯爵は遊歩道である若い将校の前に杖を差出し、「さあ、これを飛んでみろ。さもないと殴るぞ」といった。翌日、二人は決闘をして、その将校はリングラン侯爵に殺害された。

したがって有名な合理主義にもとづく『ナポレオン法典』（一八〇四）にも、決闘については触れていない。というのもかれは決闘をきびしく取り締まると、将軍や将校たちが反乱を起こすことを危惧していたからである。決闘好きの軍人は当時多数いたので、実際のところナポレオンは、決闘を黙認せざるを得なかった。ナポレオンの胸中は、理念である反決闘と現実である決闘という両極を揺れ動いていた。かれのアンビバレンツな決闘観もあいまって、当時において決闘撲滅はナポレオンとて不可能なことであった。（菅野瑞治也）

5　近代合理主義・理性による反決闘論

近代の啓蒙思想と合理主義の台頭

ヨーロッパの反決闘論は上述のように、キリスト教と啓蒙主義君主の側から提起された。これらは決闘の持つ野蛮性、非人間性の点からの反論であるが、そこにはキリスト教が持つ宗教倫理が決闘精神と相容れないことと、近代理性の啓蒙精神の広がりが根底にあった。しかしいずれにせよ、キリスト教も絶対的な啓蒙君主側も、伝統的な決闘を実質的に排斥できなかった。

その原因は統治者自身の決闘観にあるのではなかった。すなわち上に立つ支配者は、絶対的君主であれ、啓蒙君主であれ、治世下で起こる決闘を好ましいものとは思っていなかったので、撲滅しようと試みた。しかし多数の臣下が決闘を容認している状況においては、徹底してそれを排除することができなかった。君主は信頼を置いていた軍隊の武勇を鼓舞したが、その中枢を担う幹部を、決闘による処分で失いたくなかったという事情があった。臣下がたえず決闘に関与していたから、フランスでもドイツでも、かれらはたえず玉虫色の裁定しか下せなかった。

一七世紀後半から一八世紀にかけて、キリスト教や啓蒙君主という上からの反決闘主義の系譜と異なる、近代合理主義による理性を重視する思想が台頭してきた。ヴォルテールやモンテスキュー、ルソーなどの主張によって不合理が批判され、啓蒙主義的思想が人びとの関心を惹くようになった。

ただし決闘に関していえば、ヴォルテールは二度決闘騒動を引き起こし、バスティーユの牢獄に入れられたので、反決闘主義者ではなかったが、ルソーは父親が決闘によって逃亡したので孤児同然になってしまった体験を持ち、決闘をこころよく思っていなかった。過渡期において啓蒙主義者たちの決闘観には温度差があるが、かれらは係争や対立は定められた法によって理性的に決着をつけるように主張した。つまり上からの君主の絶対的な権力によってではなく、啓蒙主義者たちは裁判のシステムによって決闘にいたらないように係争を解決しようとした。その代表的人物はモンテスキューである。

モンテスキューの三権分立と反決闘論

啓蒙主義者のモンテスキュー（一六八九～一七五五）は『法の精神』（一七四八）において、権力の集中を避けるために、「立法権」、「執行権」、「裁判権」という、いわゆる立法、行政、司法を分け、有名な三権分立論を提唱した。これによって権力が集中していた絶対君主制において、権力の分散が指摘されるようになった。それは決闘にも影響を与え、決闘裁判から司法裁判による判決への道筋を開いた。

たとえばモンテスキューは『法の精神』の中で決闘裁判を否定し、廃止すべきものとして、いささか難解であるが、次のようにいっている。

……戦争があり、そして、血族のひとりが打合いの手袋を投げるか受けるかしたときは、戦争の権利は消滅した。当事者が裁判の通常の進行に従うことを望んだものと考えられたのである。そして、当事者の方が戦争を継続するようなことをすれば、その当事者は損害を賠償することを判決

モンテスキュー

で命ぜられたことであろう。
このように、裁判上の決闘という手続きは、それが一般的な争いを個別的な争いに変え、裁判所に力を取り戻させ、そして、もはや万民法によってしか支配されていなかった人々を公民状態に戻すことができたという利点をもっていた（野田良之他訳）。

ここでいう戦争とは、係争を決着させるための決闘裁判を包括している。前述のように決闘の際に、手袋を投げても相手がそれを拾わなければ、決闘をやめる合図の意味であって、そうすれば決闘ではなく裁判によって決着をつける道が開けるのである。その裁判は国家を越えた「万民法」（当時としては教会法）ではなく、国内法によって「公民状態に戻す」、すなわち立憲君主国家であれば、当該の国の法によって判決が下されるべきだというのである。要するにモンテスキューは決闘ではなく、裁判によって個別の紛争を法的に解決すべき方法を説いているのである。

ところがそれは理論であって、決闘の内実はヨーロッパ的な社会階層から見ると、特定のエリート集団の中で行われ、啓蒙主義が社会全体のレベルまで広がっていたわけではない。エリート集団というのは、概していえば当時では貴族たちであった。かれらは名誉というものを金科玉条にしており、大義名分だけでなく些細なことでも決闘の理由にした。啓蒙主義は誇り高い貴族にとっては、余計なものであった。

貴族は名誉が特権階級の根源であると自負し、それゆえ法をも超越したものとして決闘にこだわったのである。貴族は裁判制度を、平民を統治するためのものとみなしていた。ところがフランス革命によって貴族主義は槍玉にあげられ、かれらは断罪されギロチンにかけられた。それに代わってブルジョワジーが経済的実権を握るようになったが、新興勢力は決闘などにほとんど関心を寄せなかった。では決闘はモンテスキューのいうように、裁判制度に代替されていったのであろうか。

たしかにイギリスは議会主義が発達し、ロックがすでに権力の分散を主張した。一九世紀半ばから野蛮な決闘は激減し、そのかわりジェントルマンの精神が高揚したので、スポーツ文化が花開いた。ところが島国イギリスとは対照的に、一九世紀になっても大陸のフランスやドイツでは決闘はなくならなかった。ヨーロッパ大陸では騎士や貴族に代わって登場した近代のエリートである軍隊の将校たちは、名誉の決闘という慣習を継承した。フランスの軍人将校の状況もそうであったが、その典型例はプロイセンを中心にしたドイツであった。どうして近代ドイツに、最後まで決闘が残ったのであろうか。（浜本隆志）

第三章　ドイツの学生と将校の決闘

1　ドイツにおける学生結社と決闘

学生結社コーアとブルシェンシャフト

　以上述べたように、キリスト教側の尽力や、啓蒙君主たち、そして、啓蒙主義者たちの努力にもかかわらず、ヨーロッパのエリートたちはそれでも決闘熱に憑かれていた。一九世紀になると、その主体は貴族から学生、そして将校へと変化していった。ここでドイツの学生と将校の決闘がどのようなものであったのか、歴史を少しさかのぼって確認しておきたい。

　一六世紀には、小国に分裂していたドイツにおいて、異郷の大学で学ぶ同じ地域出身の学生たちの相互扶助を目的とした、「ランツマンシャフト」（Landsmannschaft）と呼ばれる学生同郷人会的団体が各大学町で形成されていった。一八世紀にいたるまでは、学生結社団体といえば、この学生同郷人会ランツマンシャフトを指した。これは伝統的な学生結社であり、「地域主義の原理」、すなわち、同郷人のみの入会を許すという原理にもとづいて会員は構成されていた。

　ところが一八世紀の終わりに、コスモポリタニズム（「人類は皆兄弟」というような思想）を標榜する近代的な学生結社コーア（Corps）が誕生した。さらに対ナポレオン解放戦争に志願兵として参加した学生を中心として、一八一五年六月一二日、イェーナにおいて、「祖国統一と自由」をスローガンに掲げた愛国主義的学生結社ブルシェンシャフト（Burschenschaft）が創設された。

その後、ドイツの学生結社は、このコーアとブルシェンシャフトという二大学生結社組織を中心に発展していくことになる。男子学生の大半がこの学生結社に所属し、勉学の傍ら、真剣を用いた決闘に明け暮れた。ドイツの大学においては、流血を見る決闘は日常茶飯事であった。一七～一八世紀においてすでに、学生たちが、他人から侮辱を受けた学友に対して、決闘によってリベンジするよう、またそれによって傷つけられた名誉を回復するよう鼓舞するのが慣例であった。このような考え方は、一八世紀の終わり頃から文書化され、定着していった。たとえば学生結社の諸規則や会則の中にもはっきりとそれが明記されている。一七九八年のフランクフルト（アン・デア・オーダー）の学生結社の規約集には「明確な侮辱に対して、決闘を要求しなかったり、相手の決闘の申し入れに応じなかったりした者は、即刻、名望を失う」とある。

また、一八〇三年のエアランゲン学生同郷人会の規約にはこう書かれてある。「この会に入会した者はすべて、教養と名誉を持った男にふさわしいように、勤勉に、礼儀正しく、きちんと振る舞うことを約束しなければならない。とくに、他の学生による侮辱を、臆病な態度でそのまま放置しておくことは

交差剣のシンボル化例

ベルリンの学生結社の標章（1810-21）

イェーナの学生結社のシール（1815）

断じて許されず、可能な限り、自分の名誉を剣で守り抜くよう努めなければならない」。

決闘の作法とルール

当時の学生の決闘といえば、もちろんピストルではなくてサーベルなどの真剣を用いたものであった。相手を攻撃する方法として、ゲーテの学生時代（一七六〇年代）には二つの決闘・剣術形態があった。一方は、日本の剣道の「面」打ち動作のように、いわば剣が大きい弧を描いて相手の目標部分をとらえる「斬り込み・打ち込み」（以下、「斬り」とする）の形態であり、これは古くゲルマンの時代から伝わるドイツの伝統的剣術スタイルであった。

他方、イタリア・フランスから入ってきた「突き」の剣術形態がある。一六世紀以降、とくにイタリアの剣術師範たちは、「斬り」の剣術より

1750 年頃のデーゲンによる決闘（ゲッティンゲン）

「突き」の剣術のほうが、より速く、より正確で、実戦においてより効果的であることを確信し、これを広めた。またこの頃から、「突き」の剣術により適した鍔《つば》のついた細身の剣デーゲン（Degen）が登場し、一八世紀末に至るまで流行することになる。ゲーテの決闘に際しては、このデーゲンが用いられたと推測される。

学生結社の決闘のルールも、次ページの図に要約されているように時代の推移とともに変化をしている。すなわちもっとも古いのは、特別なルールもなく、剣を構えて今日のフェンシングのようにフットワークを使って相手を倒すべく動き回るという形態であった。これは一八世紀末に廃れ、ルールを決めて剣で対戦する方式が二〇世紀まで続いた。

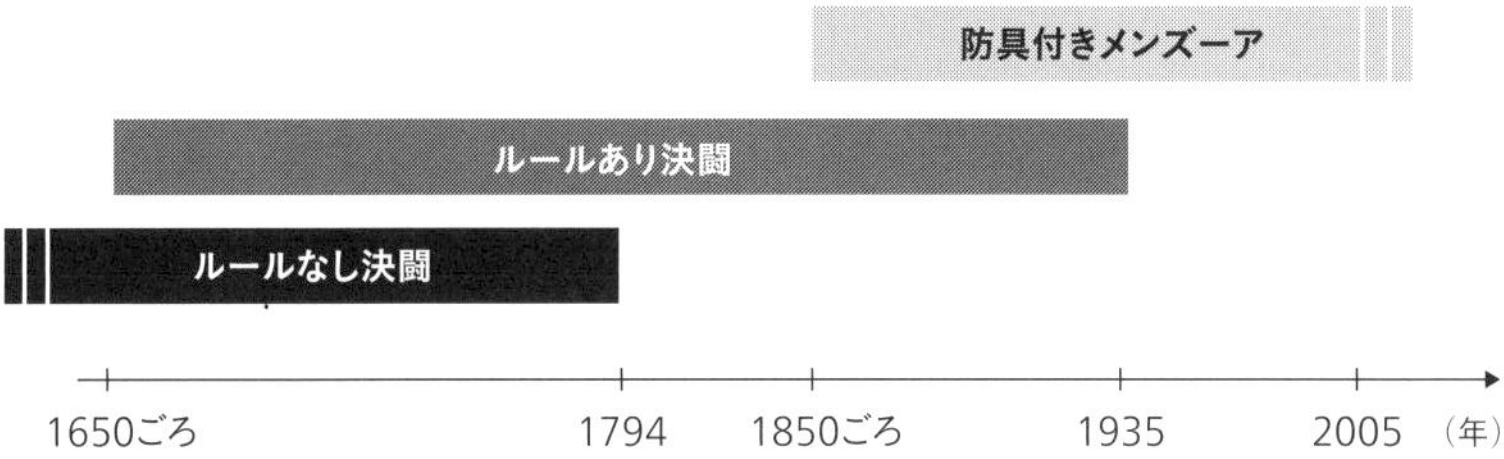

学生の決闘形態の変遷

しかしこの決闘方法はルールを決めても野蛮で、死傷者が続出したので、一九世紀後半から学生の決闘の形態に一大変革がもたらされた。すなわち「決闘作法」という特別なルールだけでなく、防具を装着した「メンズーア」と呼ばれるドイツの学生に固有の決闘形態が確立した。メンズーアはその意味で、現代のスポーツ化された決闘スタイルになったのである。

（菅野瑞治也）

2　隠ぺいされたゲーテの決闘事件

若きゲーテ

一七六五年一〇月三日、一六歳の若者であったゲーテは、法学を学ぶためにライプツィヒに到着した。かれ自身は、もともとはゲッティンゲン大学で、みずからが興味を抱いていた語学・文学、考古学、東洋学、そして詩学を専門的に勉強することを望んでいた。しかしかれは法律学を学び、高級行政官になることを切望した父親に屈服するようなかたちで、当地へやってきた。

この時点において、かれが後にドイツでもっとも有名な詩人になろうとは、本人も含めて誰も予想していなかったにちがいない。著名なゲーテ研究家の一人であるアルベルト・ビールショフスキーは、ゲーテのライプツィヒにおける学生時代を次のように要約している。

かれは大学の授業を大胆にさぼり、人生の満ち溢れた歓喜の杯を、少しずつ味わうだけでなく、いくつもいっきに飲み干した。そして表向きには法学を学ぶ学生を装いつつ、実際には、芸術や学問におけるそれ以外の広範な領域の研究に没頭した。

いずれにせよ、当時「小パリ」と呼ばれていたライプツィヒで、フランクフルトの父親から十分すぎるほどの仕送りを受けていた若きゲーテは、自由気ままで快適な学生生活を送ることになる。事実かれは、イェーナ大学やハレ大学ではなくて、他ならぬライプツィヒで学べることに心底満足していた。ゲーテは『詩と真実』の中で、かれの学生時代のイェーナ大学とハレ大学における学生間の粗野な慣習に対して、みずからが抱いた嫌悪の念について回顧的にこう述べている。

イェーナやハレにおいては、粗野が最高度までに高められ、身体の強健、剣術の熟達、乱暴きわまる決闘が日常茶飯事になっていた。そしてこのような風潮は、きわめて俗悪な馬鹿騒ぎによってのみ、維持し、持続することができる。……それに反して、ライプツィヒにおいては、学生が、裕福な、きわめて礼儀正しい市民となんらかの関係を持とうと思えば、どうしても丁重に振る舞わざるをえなかった。

ところが飲酒となると話は違っていた。「ぼくは獣のように酔っぱらっている」と書き残しているように、ゲーテがライプツィヒの学生時代に、粗野で乱暴な学生たちには一定のスタンスを保ちつつ、飲酒に関しては羽目をはずしていたということは間違いない。

ゲーテの学生時代の決闘

ゲーテが入学したライプツィヒ大学（一四〇九年創設）は、学部を持たず、学生たちは、マイセン、ザクセン、バイエルン、そしてポーランドという四つのナツィオーン（出身地域によって区分けされた学生グループ）のいずれかに便宜上振り分けられたが、これらの出身地域を区分けするナツィオーンは、この頃すでに本来の意味を失っていた。たとえばオーストリア人、ロートリンゲン人、ブラバント（今日のベルギー中部、北部からオランダ南部にかけての一地方）人、英国人、ポルトガル人などは「バイエルン」のナツィオーンに配属されたからである。

このような状況の中で、ゲーテは一七六七年の秋に、かれと同い年の神学部の学生グスタフ・ベルクマン（Gustav Bergmann）と決闘することになる。相手は、有名な外科医であったエルンスト・フォン・ベルクマンを祖父に持っていたが、当時、他のリーフラント（現在のラトビア東北部とエストニア南部にまたがるリヴォニア）人とともに同郷人会的な学生団体に所属していた。かれの家系が、一七世紀の中頃に東プロイセンからリーフラントに移住したある家族の子孫であったからだ。

決闘にいたるいきさつはこうである。当時一七歳のゲーテは、かれが毎日のように通っていたライプツィヒのシェーンコプフの宿屋で働く可憐な少女ケートヒェン（アンナ・カタリーナ・シェーンコプフ、次ページ）に、生涯で最初の恋の情熱を燃やしていた。一方、ベルクマンもまた、この少女に想いを寄せ、積極的なアプローチを試みていたのである。ある時、業を煮やしたゲーテは、劇場の中の公衆の面前で、当時の学生の慣習に従った決闘を挑発するための決めゼリフ、すなわち、「ここはキツネの臭いにおいがする（Hier stinkt's nach Füchsen!）」を発することで、ベルクマンを侮辱した。

当然のことながら、ベルクマンがゲーテのこの挑発の言葉に乗らなければ、両者による決闘事件は起きてはいない。しかし実際には、ベルクマンもまた、当時の学生の慣例にもとづき、ゲーテの横っ面を張り飛ばすことにより、双方がたがいに受けた侮辱を清算するための両者による決闘が決定的なものとなった。

ベルクマンは、すでにヴァイマルのギムナージウム時代から剣術に長けていたといわれているが、それは、かれのギムナージウムに剣術師範として勤めていたヴァイシュナーのおかげをこうむっている。

他方、ゲーテもベルクマンとの決闘に備えて、大学の剣術師範ミヒャエーリスのもとで十分な練習を重ねた。かれの生涯において剣術が如何に大切なものであったかは、その後のシュトラースブルク時代やヴァイマル時代においても、剣術の腕に磨きをかけることを怠らなかったという事実から十分察することができる。

しかしながらゲーテの如何なる著作にも、またあの『詩と真実』においても、この決闘に関して触れられている個所はどこにもなく、またライプツィヒ大学の公文書にもその記録は一切存在しない。ゲーテに関する夥しい数の伝記や文献にも、決闘事件については、たかだか副次的に軽く触れられるだけである。たとえばゲーテの伝記研究家ボイルも、このベルクマンとの決闘を、些細な「たった一度限りのまったく無邪気な決闘」と述べるにとどまっている。

しかし実際のところ、ゲーテとベルクマンとの決闘は、立会人と介添え人（セコンド）も居合わせた、当時の学生の決闘作法・慣習に則って行われた文字通りの真剣勝負であった。さらにゲーテはこの決闘で腕に傷を負ったのも事実である。それにもかかわらず、両者によるこの決闘事件は、その後も誰にも知られることはなかった。何故であろうか？　当時の学生の名誉に関する不文律＝決闘作法にしたがえば、決闘は、関係者の間だけの一生涯の秘密とされていたからである。

ケートヒェン

ゲーテの失踪の真相

ゲーテは一七六八年八月二八日、すなわちかれの一九歳の誕生日に、突如としてライプツィヒ大学を立ち去り、郷里のフランクフルトに戻るが、一般的には、病気（結核）の治療がその理由とされている。しかし著名なゲーテ研究者の一人であるゲルハルト・ミュラーは、ゲーテ自身が、ベルクマンと行った一七六七年の決闘の事実が明るみに出ることを恐れたことを、その第一の理由に挙げている。

事実、かれがライプツィヒを去る前日（一七六八年八月二七日）に、それまでにはない厳格な決闘処罰令が大学当局から出されていた。その中で、処罰を受けた学生の名前がドイツ国内のすべての大学町にある所轄官庁に伝えられ、それ以後の如何なる勉学も不可能になる旨が謳われてあった。

翌日の未明、ゲーテはかれの友人や知人にも何も告げず、逃げるように慌ただしくライプツィヒを後にする。そして、それから二年後の一七七〇年にドイツ国内の他の大学ではなく、フランスの統治下にあったシュトラースブルク大学で勉学を再開した。「もし、ベルクマンとの決闘事件が白日の下に晒されたならば、きびしい処罰を受け、その後の自分の未来もない」とゲーテが考えても何ら不思議ではない。

以上のことを鑑みるならば、ゲーテが突如としてライプツィヒから姿をくらましたのは、病気のためではなく、かれがベルクマンとの決闘に対する処罰を恐れたためであるとするミュラーの見解の方がはるかに説得力を持っている。ゲーテの決闘相手のベルクマンが後年、ゲーテがあまりにも有名になったため、過去の自慢話としてゲーテとの決闘事件を家族に伝え、やがてそれが風のうわさで広まっていったというのが真相であろう。

ゲーテの学生時代の頃の決闘は、細身の剣ラピエールを用いた「斬り込み」（Hieb）と「突き」（Stoß）の両方を組み合わせた剣術スタイルが主流であり、時にはその結果、致命傷を負う者もいた。そのため、当時のドイツのあらゆる大学では、決闘をしたことが明らかになった者は、放校もしくは諭旨退学という重い処罰を受けなければならなかった。だからゲーテもベルクマンも、秘密を守り、決闘の事実を封印したのである。

ゲーテの決闘観

ゲーテは『若きヴェルテルの悩み』で流行作家になり、ヴァイマルに招聘され、政治にかかわるようになる。一七七九年以降は、顧問官としてヴァイマルの国政に携わり、学問と芸術のための施設の総監督も務め、決闘の処罰命令に抵触した学生の処分もかれの職責であった。その際、ライプツィヒの学生時代にみずからが経験した決闘の知識が、かれの仕事に大いに役立ったといわれている。

一七九〇年頃、伝統的な学生同郷人会ランツマンシャフトと、フリーメーソン的思想の影響のもとに一八世紀後半に生まれた学生結社団体オルデン（Orden）の対立・抗争が激化した。それにともない、決闘や喧嘩が日常化し、大学そのものが荒廃する危機に瀕した。その結果、一七九一年の秋に、「争いごとを、決闘ではなくて一杯のココアを飲みながら解決する」ことをスローガンに掲げた反決闘運動を展開しようとする学生グループがイェーナで結成された。

かれらは、名誉に係わる問題を調停するための手段としての決闘を拒絶し、名誉裁判による問題の解決を主張した。一七九二年一月四日、このグループの学生たちは、かれらの計画書と、決闘の撤廃を訴える請願書を大学当局に提出したが、それらは最終的にゲーテのもとにも届けられた。ゲーテは、決闘の撤廃に関する所見の中で次のように述べている。

決闘は、剣術の卓越した技量を示すために行われているのではない。また、新参者の喧嘩好きや、まじめで礼儀正しい人間の性向に起因するわけでもない。それ故、決闘は、粗野な生活にどっぷり浸り、経験を経た年長の学生のくずどもから他の者へと蔓延しているのである。

しかしながら、ゲーテはみずからも経験した伝統的な学生の決闘そのものに反対しているのではなく、ここでいう決闘とは、新しく台頭してきた学生結社団体オルデンの粗野で、恣意的で無秩序な行き過ぎた決闘のことを指しているのである。たしかにゲーテは、反決闘主義を標榜し、名誉裁判による学生の自治を目論むこの学生グループの運動に対して一定の理解を示している。しかしそれは、ゲーテがかれらを巧みに利用して、学生結社オルデンを一掃しようとしたからに他ならない。

その後、職務上、学生の懲戒処分に携わるようになったゲーテは、学生の決闘に対する対決的姿勢を貫いたが、それはあくまでも学生結社オルデンの決闘に対して向けられたものであった。それ故にこそ、畢竟、ゲーテは、みずからがベルクマンと経験した伝統的な学生の決闘の慣習を撤廃することはできなかったし、またそうしようとも思わなかったのである。学生の決闘の慣習は、細かなルールを定めながらも真剣を用いて渡り合うメンズーアというかたちで、ゲーテがベルクマンと決闘をした時から約二五〇年以上を経た今日においてもなお、ドイツ語圏の学生たちに連綿として受け継がれているのである。

（菅野瑞治也）

3　決闘で死んだドイツ社会民主党創設者ラサール

リベラル派も決闘へ

一九世紀の決闘は右翼学生の特権ではなかった。マルクスすらも学生時代に決闘をしたが、軽傷で済み大事にいたらなかった。ドイツ社会民主党（ＳＰＤ）の母胎となる「全ドイツ労働者同盟」の創設者であるＦ・ラサール（一八二五〜六四）は、一八六四年に決闘で命を落としてしまった。ユダヤ人家系のかれが決闘の規範を学んだのは、軍隊ではなく、やはり学生時代であった。

一八四三年、ラサールはブレスラウ（一九四五年までドイツ領、現ポーランドの南西部）大学に入学後すぐに学生結社ブルシェンシャフトに入会し、そこで学生の決闘の慣習と作法に精通することになる。かれは大学卒業後も剣術の規則的なトレーニングを継続したので、かれの身体の機敏さと身体能力は維持できた。あわせて名誉を守るための学生独自の決闘方法も記憶に刻みつけていた。

ラサールにとって名誉と決闘の規範は、かれの生涯にわたって身近なものであった。それは、かれがベルリンのある軍人からサーベルによる決闘を挑まれた一八五八年のエピソードからもはっきりと窺える。この事件に関して、ラサールはロンドンにいるユダヤ人マルクスに宛てて、「わたしのもとに決闘の挑戦状が届けられた時、それを即座に受け入れたいという極めて強い衝動に駆られた」と記している。

マルクスとラサールはヘーゲル左派に属し、友人同士であったが、思想的に軌を一にしたわけでない。

ラサール

ヘレーネ

ラサールは革命家ではなく、選挙によって議会制民主主義の確立を目指す、穏健派の社会民主主義者であった。やがて急進派のマルクスとは対立するようになり、両者の交流は途絶えた。決闘に関しては、ラサールはそれまでに何度も、表向きは自分が決闘反対者であることを公言して憚らなかったため、自分の主義・原則を貫くという意味で、決闘の挑戦を結果的には拒絶し、自制していた。たしかに公の主義・主張のために、内面から湧き起こる自分の血の衝動を抑えることがラサールにとってたいへんつらいことであった。

　ところが恋愛という世間並みの理由によって、かれは一八六四年に、その社会主義者としての公の主義・信条を迷わず振り捨ててしまった。当時二〇歳の美貌の恋人ヘレーネ・フォン・デンニゲス（一八四三〜一九一一）のために、かれはピストルによる決闘を挑むのである。その事情はこうである。彼女は先にルーマニア貴族のヤンコ・フォン・ラコヴィツアと婚約していたけれども、ラサールのアプローチを受け、かれとも婚約をしてしまった。彼女の心は揺れ動き、一時はラサールに傾いていったからである。彼女はラサールと駆け落ちを望んでいた。しかし弁舌に長けていたラサールは、彼女の父親を説得して、了解を得ようと彼女の家を訪れる。

婚約者のヘレーネの父はバイエルンの貴族出身の外交官であった。彼女の両親は、ラサールが社会主義的な進歩思想を持っていることに難色を示し、結婚に反対した。そのせいもあったのか、彼女自身の態度がまた変わり、ルーマニア貴族になびいて、ラサールと結婚する気がないと公言した。ラサールは彼女が二股をかけていたことを怒り、優柔不断で不実な女性だと婚約者をなじった。かれは絶望的になって、とうとう彼女の父親と婚約者に決闘を挑んでいった。

婚約者のラコヴィツアがこれを受けて立ち、一八六四年八月二八日に両者はジュネーブ郊外で対峙したが、ラサールはピストルで腹を撃たれ、そのため三日後に死亡した。ラサールの葬儀には四〇〇〇人が集まり、人びとは人望があったかれの死を悼んだ。この決闘死はいうまでもないことであるが、思想問題に起因するものではなく、恋愛感情にもとづくものであった。それは根底にはラサールの正義感、あるいは自尊心に由来するものでもある。このことからも決闘は、政治的な主義主張とは異なる原理で推進されるものであることがわかる。(菅野瑞治也・浜本隆志)

4　プロイセン軍将校と名誉裁判所

プロイセン軍将校の決闘熱

一八〇〇年から一九一四年までの間にドイツで夥しい数の決闘が行われ、その内の約七割はピストル、それ以外は剣によるもので、結果的には約三〇パーセントの決闘者が命を落としている。その時代背景は、とくにドイツの牽引車となったプロイセンの軍国主義的な富国強兵政策にあったといえよう。そのうち、とりわけ将校の決闘熱がクローズアップされるのである。

決闘の蔓延を容認するというドイツの風潮に対し、フランスでは市民の側からそれを阻止しようという意図で、名誉裁判所の設立が提案された。ドイツでもそれに影響された市民階級の法律家たちが、一八世紀末にプロイセンの将校のために名誉裁判所を設置するという、市民運動を始めた。これは決闘による決着ではなく、法的に軍人の決闘を規制しようというものであった。ところが名誉裁判所は、軍当局の激しい抵抗に晒された。名誉裁判所の設置に積極的な姿勢を示していた首席司法大臣フォン・カルマー（一七二〇〜一八〇一）に対して、軍の幹部は、一七九一年、次のように反論した。

われわれは、名誉裁判所の設置によってもたらされる「軍人の性格の改造」に賛同することはできない。伝統的な軍人の性格は、如何なる危険に身を置いても、毅然とした大胆不敵な態度を貫き、己の名誉や人格を傷つけ得る如何なる攻撃に対しても敏感に反応し、また、如何なる攻撃からも己の身を守る決断を瞬時に下す……という特徴を持つ。この性格は、したがって軍人間の決闘の普及と直接に結びついている。……名誉裁判によって決闘を阻止し、結果的に決闘を根こそぎ一掃しようとすれば、そこには、「軍人の性格」を非常に損ない、王の軍隊のこれまでの卓越したすばらしい精神を変えてしまうという危険性が潜んでいる。提案された名誉裁判は、将校の功名心・野心とは相容れないものである。この功名心がさまざまな先入観・偏見に基づいていたとしても、そのような先入観・偏見は、これまでに、王の軍隊に有益な影響をもたらしてきた。その結果、プロイセン軍の精神と性格は、最高の名声を勝ち得たのである。

時の国王フリードリヒ・ヴィルヘルム二世（在位一七八六〜九七）も、名誉裁判所の設置が軍隊の精神・才気に対してマイナスの影響をおよぼすことを危惧したので、軍幹部の考えにすぐさま賛同の意を表した。そして、国王は、司法大臣カルマーと、啓蒙主義の法律家たちによって推奨された名誉裁判所設置の提案を却下し、名誉裁判という考え方に感化されることなく、すでに公にされている決闘に関する王の勅令・指令にしたがうよう命じた。

名誉裁判所を巡る国王と軍部の確執

しかし一八〇六年、フランスのナポレオンは強大な軍事力をもってプロイセンに侵入してきた。プロイセン軍はイェーナとアウエルシュテットでナポレオン率いるフランス軍に敗北した。その結果、プロイセンの将校団は「最高の名声」という栄光に満ちた舞台から退場を余儀なくされる。さらにプロイセン軍の徹底的な組織替えと、フランス風の名誉裁判所の再検討が新たに要求された。

こうしてナポレオンの反決闘主義の影響もあったのだろうが、当時のプロイセン王、フリードリヒ・

対ナポレオン解放戦争時のプロイセン軍

ヴィルヘルム三世（在位一七九七〜一八四〇、左ページ図上）は、一八〇八年、名誉裁判所の設置を命じた。この新たに設けられた裁判所は、個々の将校が名誉の規範を遵守しているかどうか、つまり、軍人として不名誉で恥ずべき言動を取っていないかどうかを監視する役目を担ったが、実際には、決闘を防止するという機能を果たすことができなかった。

　ところが対ナポレオン解放戦争（一八一三〜一五）の結果、プロイセンを中心にした反ナポレオン陣営が勝利すると、プロイセン軍の士気は大いに盛り上がり、軍内部の決闘の慣習がまたもや復活したのである。決闘が常態化し、将校の名誉を賭けた決闘がもて囃されるようになった。

　一八二一年、軍隊における決闘の数の増大を目の当たりにした王は、「故意に名誉の規範にそむくことにより、また、無礼な侮辱を相手に与えることにより、相手に決闘をそそのかした将校は、情け容赦なく処分されるべきである」と述べ、名誉裁判所の権限を、決闘を仲裁・調停し、当該の将校にそれまでよりきびしい刑罰を科したり、免職の判決を下したりするところまで拡張した。王はまた名誉について次のように述べている。

> 予は、予の軍隊において、将校の個人的な名誉が尊重されることを望むが、しかし、それ故にこそまた、体面を傷つけるようなあらゆる無礼な攻撃から将校が守られることを望む。この個人の名誉を、血をもってしか再び洗い清められないほど傷つける位の侮辱の言葉が浴びせられた場合、そのような下劣な言葉を軽率に口にできる者は、将校の階級にさらに身を置くことによって自らの品位

を落とすしかないので、免職とする。

それにもかかわらず、決闘の伝統は軍隊の中でとても深く根をおろしていたので、その伝統をよりふさわしい代償物で打ち破ろうとした、フリードリヒ・ヴィルヘルム三世の首尾一貫した断固たる言動も、将校団の執拗な抵抗にあい、結局のところ挫折することになる。

一八四〇年、フリードリヒ・ヴィルヘルム四世（在位一八四〇～五八／六一、図下）が即位し、一八四三年、将校団の決闘と名誉裁判に関する新たな指令が出された。これは、名誉裁判所の権限を従来以上に拡張し、強化するためのものであった。国家は、それにより、しばしば些細なことがきっかけで行われた将校間の名誉をめぐる決闘を、調停機関としての名誉裁判所によって、制御しようと目論んだのである。ある将校が名誉をめぐりひどい侮辱を受けた場合は、侮辱を与えた者が名誉裁判所により直接的に処罰され、それにより決闘を回避するように定められた。

しかしながら、当事者双方が、争いごとのこのような解決手段に満足できなかった場合、名誉裁判所

名誉裁判所を推進しようとしたフリードリヒ・ヴィルヘルム３世（上）とフリードリヒ・ヴィルヘルム４世（下）

決闘者と立会人、セコンドの配置図（立会人の左右のセコンドは決闘者の横に剣を構える。これはメンズーアの例であるが、配置は同一）

は当事者二人に、新たに規定された決闘に関する処罰への注意を喚起した。そのような警告も役に立たず、結局のところ、二人が決闘するにいたった際には、名誉裁判所の裁判官は、決闘の行われる場所に行き、セコンドと協力しても調停できない場合は、決闘の立会人（審判）として、ラウンド数や決闘のやり方を決定する権利を持っていた。

名誉裁判所の裁判官によって監視されたこのような決闘は、懲戒処分の対象となったが、一方、名誉裁判所による調停を最初から意図的に回避した決闘者は、軍法会議にかけられ、決闘の結果と個々の罪に応じて、二か月から八か月の禁固刑に処せられることが規定によって定められていた。

フリードリヒ・ヴィルヘルム四世の指令は、軍隊における名誉裁判所の権限の拡張を唱えたので、たしかに、名誉裁判所はこれまでより頻繁に決闘の仲介を依頼されるようになった。しかし調停が成功しない場合、決闘は避けられず、将校によって構成された名誉裁判所の裁判員が決闘に直接立ち会うことになった。その結果、決闘当事者は自分たちの決闘に対するいわば公的な承認を与えられたことになる。国家は、決闘を一掃することが不可能であることは端《はな》からわかっていたが、名誉裁判所の権限を拡張することで、表向きは将校の決闘をコントロールし、その結果、自らの威厳を保つことができたのである。

この時代、プロイセン軍はさらに勢力を拡大し、その常備軍は、歩兵約一九万・騎兵約五万を擁した。軍隊の力が強大であったので、市民との関係がクローズアップされた。「将校における名誉の侮辱は、それ自体、極めて屈辱的なものであり、多くの場合、市民におけるよりも、その将校にとって不利な結果をもたらす」が故に、ある市民がある将校を侮辱した場合、その市民には三〜六か月の自由刑が申し渡されることが定められた。これとは逆に、将校がある市民を侮辱した場合、その将校には、軍の哨舎《しょうしゃ》での禁固刑、あるいは、城塞禁固刑が言い渡されることが定められたが、実際のところ、その将校がかれの上司から叱責をうけるだけで終わるケースがほとんどであった。(菅野瑞治也)

5　プロイセンにおける決闘の特権化

軍人と市民の決闘事件

前述のように、一九世紀にドイツはプロイセンが軍国主義化し、ドイツ統一の主導的役割をはたしたが、そのプロセスにおいて、軍隊内部だけでなく市民との決闘の位置づけが大きな争点となった。たとえば軍人と市民との名誉の決闘において、両者は平等なのか、軍人を優先させるべきかが問題になる。そのきっかけは、時代を少しさかのぼるが、プロイセンの陸軍少尉フォン・ライトホルトと、市民のある司法修習生との決闘事件であった。

一八四四年、フォン・ライトホルト少尉は、ケーニヒスベルクのとあるビアガーデンで、シャーデという司法修習生が王フリードリヒ・ヴィルヘルム四世について失礼なコメントを述べているのを偶然耳にした。この将校ライトホルトは、その司法修習生にピストルによる決闘を申し入れたが、シャーデは文書によってかれに謝罪し、公式に陳謝をした。それにもかかわらず、将校はあくまでも決闘を要求し、結局のところ決闘は行われ、シャーデは致命傷を負い死んでしまった。事情聴取の場で、ライトホルトは、「シャーデの王に対する失礼な言葉によって、自分の個人的な、そして公職にある者としての名誉が侮辱されたと感じた。それに対して、将校としては決闘という方法でしか応えることができなかった」と述べた。

少尉のこの言動は、プロイセン国家の幹部たち全員の賛同を得たが、これに関するケーニヒスベルクの一般市民たちの見解はまったく異なっていた。当局の意図にしたがって、可能な限りしめやかに執り行われるはずであった司法修習生シャーデの埋葬には、予想をはるかに超える数百人の市民が加わり、かれの死を悼んだ。シャーデの墓は女性市民たちによって何度も新鮮な花輪で飾り付けられた。この事件から何か月も過ぎ去った後でも、プロイセンの地方長官は、「世論は、この不幸な決闘を通して、当局に忠誠を尽くすことに対する嫌悪感を示している」と、当時の内務大臣に伝えている。

このプロイセンの地方長官が考える忠誠とは、将校の名誉を優先させ、プロイセンのような軍事国家において、「名誉にかけて実行すべきこと」＝「決闘」の慣習を堅持することを、国家が存続するひとつの前提条件として受け入れることに他ならなかった。多くの市民が示した態度、すなわちそのような忠誠を拒み、権利と法を楯に取り、刑法上の決闘禁止令を振りかざすことは、プロイセン国家の軍事的基盤に対する真の理解と敬意の欠落を意味していた。

軍国主義化するプロイセン

このライトホルト少尉との決闘によって司法修習生シャーデが殺害された事件は、市民の感情として、「一般市民の名誉より上位にある軍人の名誉に対する反感と不平等感」を引き起こした。その感情は、一八四八〜四九年の市民革命において一挙にその頂点に達した。フランクフルトのパウル教会議会が一八四八年に提出したドイツの軍制（兵役制度）に関する法案は、軍隊における名誉裁判所の撤廃を謳い、軍人の名誉の存続を否認した。

市民たちにとっては、優遇された特権的地位によって温存されてきた軍人の名誉心は、一般的な政治的意識とはもはや相容れないものであった。またこれまでの軍人に認められてきた特別な名誉は、遅くとも、一般兵役義務の導入以降、一般市民の中に埋没して消滅せざるを得ないものであった。市民たちは排他的な身分・階級の名誉を特別視するのではなく、個人の職業上の能力だけを社会的尊敬の尺度とするよう、次のように要求した。

名誉は、ある階級だけの特権でもなければ、相続権でもなく、また、独占権でもない。それは、例外なく、あらゆる人間の共有財産である。それを持ちたいと思う者はそれを持ち、それを持ちたくないと思う者だけがそれを持たない。

刑法典の修正に取り組んでいたプロイセンの枢密院の委員会は、一八四六年に、将校の特権を制限し、次のように市民を守ろうとした。

さまざまな身分・階級がいくつも混ざり合い、全国民に兵役義務が課せられている今日の状況にあって、将校たちの特殊な事情を考慮したとしても、顕著な不平等によって市民の名誉が傷つけられることがあってはならないし、市民の名誉は守らなければならない。

ところが、後にプロイセン王ならびにドイツ皇帝になるヴィルヘルム皇太子（ヴィルヘルム一世、在位一八六一／七一～八八）は、一八四八年、この時代に特徴的な「社会的格差をなくそうとする時代の趨勢」から将校の身分・階級を明確に除外し、将校の有する特別な名誉の権利を認めることを次のように明言した。

将校の身分・階級における名誉とそれに伴う名誉毀損については、他の身分・階級におけるそれとはまったく異なる性格と意味を持っている。名誉とその名誉に恥じない言動は、将校の身分・階級に属する者にとって、一番不可欠な必要条件であり、かれらの職業の一番の前提条件である。このような意味で、将校たちに対してなされた名誉毀損は、かれらの本質的な前提条件を、つまりは、存在そのものを攻撃し、脅かす特別な重罪である。立法が、とくにプロイセン国家の立法が、みずからの名誉に恥じない言動を何よりも大切にしようという将校たちの気持ちを維持し、活性化することに配慮しているだけになおさらのこと、将校に対する名誉毀損は、厳重に処罰される必要がある。名誉を重んじる将校の考え方が、国家の安全と存在を維持するための基盤である以上、将校に対する名誉毀損を、将校以外の者に対する名誉毀損とは別に扱うのは、国家としては当然である。

さらには、一八六〇年代と一八七〇年代におけるプロイセン軍の軍事的成功、一八七一年のドイツの国家的統一の際の軍人の寄与は、軍隊の優勢を決定的なものにした。そして、軍隊の名誉に関する作法と決闘が、このような時代の趨勢と無縁であり続けることは不可能であった。この問題について、一見無関係に思えるプロイセンの徴兵制という視点を採り上げてみよう。(菅野瑞治也)

徴兵制と決闘

プロイセンの将校の決闘と軍国主義は相関関係にあるが、この問題は根底では徴兵制と密接にかかわっているといえる。少し時代をさかのぼるが、プロイセンの前身の神聖ローマ帝国は、かつて兵力の主体を傭兵に頼っていた。しかし傭兵は経費が掛かるうえに、戦闘において敵と駆け引きをしたり、住民に乱暴狼藉を働いたりして、各地で問題を起こしていた。オスマントルコのヨーロッパ進出を機に、一六五四年の帝国議会では、常備兵を持つ決議がなされた。これは応募制であるが、その後、ナポレオンのドイツ侵攻時(一八〇六〜一三)に、プロイセンで愛国主義をスローガンにした国民運動が盛り上がり、一八一四年に一般的な徴兵制である兵役法が確立した。

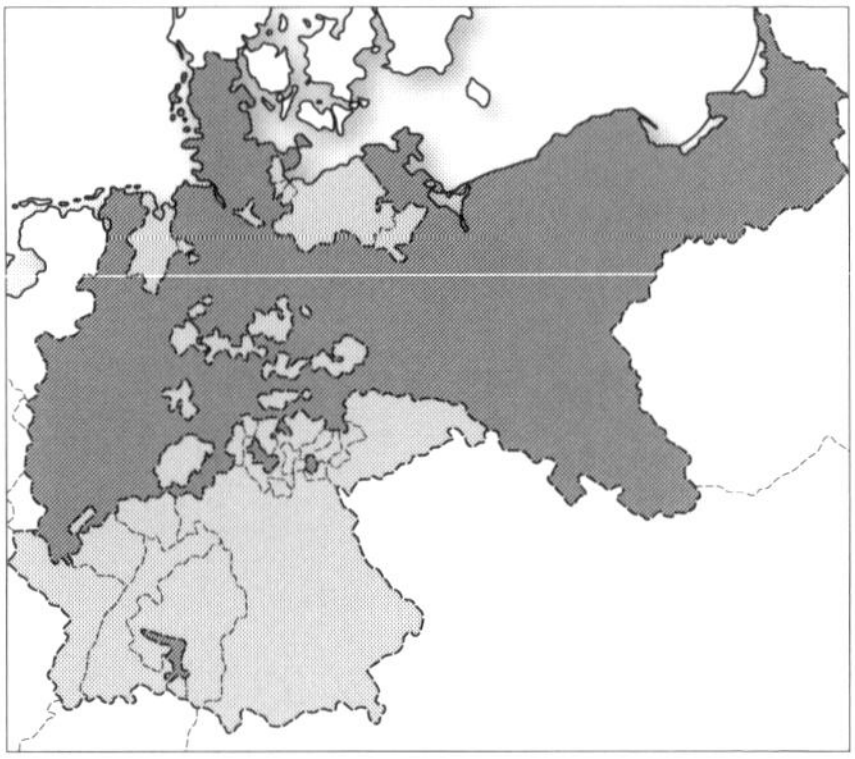
プロイセン（濃）からドイツ帝国（濃＋淡）への拡大（1860-1918）

その際、貴族や特権的な職業に対しては兵役免除の例外措置を講じていたが、プロイセンでは一八六七年には強制徴兵制が実施された。徴兵した兵士の軍事訓練では上官の命令に絶対服従することなど、軍国教育も施された。その際、もっとも活躍したのが軍人のうち、青年将校である。かれらは軍隊の規律を強化し、勇猛性を顕彰した。将校たちは兵士の範を示すために決闘も重視したのである。その意味において、一九世紀後半のプロイセン時代でも将校の決闘が蔓延したといえる。

　たしかに特権的な将校の特別なステータスに対する反論が、一般市民と自由主義的議員から執拗に出されたが、一八七〇～七一年の普仏戦争によるプロイセン・ドイツ軍の大勝により、軍隊と将校団に対する特権は、結局のところ、一九世紀後半においても絶対的なものとして存続し続けていくことになる。その根底には強制兵役による軍隊の訓練があったといえよう。

　プロイセンはドイツ統一の核となり、一八七一年にドイツ帝国が成立する。こうしてドイツは軍国主義によって領土を拡大し、列強の一角を占めて富国強兵の道を歩むことになるのである。その際、中心的な役割を演じたのがビスマルクであった。（浜本隆志）

6　ドイツ帝国とビスマルクの決闘論

若き学生ビスマルクの二五回におよぶ決闘経験

後のドイツの鉄血宰相オットー・フォン・ビスマルク（一八一五〜九八）は、若い頃から、「勇敢さ、英雄的豪胆さ、身分・階級意識、そして、名誉を守る」という考え方をとくに尊重し、そのような自己の性格形成に努めていた。一八三〇年、当時わずか一五歳のやせぎすのオットー（少年ビスマルク）は、ベルリンでヴォルフという名の少年と剣を用いた決闘を行っている。

その後、一八三二年五月一〇日、かれは法学と政治学を学ぶため、一七歳でゲッティンゲン大学に入学した。やがてオットーは、この頃の学生の慣例で、伝統的学生結社コーアか、革新的な学生結社ブルシェンシャフトか、二つの団体のいずれかに所属する決断をしなければならなかった。郷土意識の強いオットーであったが、当初、ナショナルな感情の涵養と統一的国家の樹立を目標に掲げるブルシェンシャフトに接近する。しかし体制変革と共和制の樹立をめざし、伝統的な決闘を拒絶するかれらの姿にやがて失望し、結局、ゲッティンゲン大学に入学した約二か月後の七月六日、かれは名誉の概念を重んじて古くから伝わる決闘の慣習を固持する学生結社コーア・ハノフェラに入会した。

学生結社コーアの新入会員（フクス）となったオットーは、八月に最初の決闘を行った。ちなみに当時の学生間の決闘には、ピストルではなく、サーベルや前述のシュレーガーと呼ばれる特殊な真剣が用

22 歳のビスマルク

いられた。やがてかれは正会員となり、バンカラ、大酒、喧嘩のキーワードからなる学生生活を満喫した。ゲッティンゲン大学在学中の一年半の間に、何と二五回の決闘を行い、単なる負傷だけでなく、その左頬には見事な刀傷が残った。大学当局と市当局は、蔓延する学生の決闘に対してきびしい措置を講じて処分したが、それでも結局、誰もかれの決闘熱に歯止めをかけることはできなかった。

しかし若きビスマルクの学生結社コーアの選択が、結果的にかれの将来の政治家としての進路にとって賢明であったことがやがて証明された。一八三四年、ドイツ連邦議会（一八一五～六六）は、反体制を旗印にしてラディカルな闘争をもいとわないブルシェンシャフトに学生時代入会していた者はすべて、行政官、裁判官、外交官などの公僕（国家公務員）になることを禁じるという議案を可決したからである。裕福なアメリカ人の息子であり、ビスマルクが親しくしていた学友ジョン・マトリーは、一八三二年七月一日付のある手紙の中で、ゲッティンゲンのブルシェンシャフトのことを「大学のクズ」と呼んでいるが、保守派のビスマルクも同じ考えを持っていたことは想像に難くない。

ビスマルクはそれからベルリン大学へ移り、一八三五年に大学を卒業するが、その後の出世はよく知られている。かれは代議士や外交官として活躍した後、一八六二年一〇月八日、ついに国王ヴィルヘルム一世によりプロイセン首相に任命された。立場上、体制維持派のビスマルクは自由主義派議員たちによる集中砲火を浴びることになる。一八六四年一月二一日と二二日に開かれた議会のある会議の席上で、白血病の発見者として知られる病理学者であり、当時、自由主義派のプロイセン王国下院議員を務めていたルドルフ・フィルヒョー（一八二一～一九〇二）は、「あなたは、決然とした力強い政策で何かを遂行するような人物ではない」と、あからさまにビスマルクを非難した。

一八六五年六月二日、海軍に関するビスマルクのある議案について議会で審議されている時、首相ビスマルクと、政敵フィルヒョーとが再び激しく議論を応酬しあった。そしてフィルヒョーの痛烈な批判に、自己の名誉を傷つけられたと感じたビスマルクが我慢ならずに、かれに決闘を申し入れた時、国の内外で一大センセーションが巻き起こったとしても何ら不思議ではない。

この両者の決闘問題は話題になり、一八六五年六月八日、連邦議会で採り上げられ、自由進歩党議員で後にベルリン市長となるフォルケンベックは、次のように述べてフィルヒョーを擁護した。


わたしがここではっきり言いたいのは、議会内の演壇でなされた発言によってもたらされた争いごとを、ビスマルク首相が議会の外で処理しようとするおつもりであれば、それこそ首相自身の名誉を傷つけることになります。議員の議論の自由を損ない、発言故にその議員に決闘で責任を取らせるというのであれば、ビスマルク首相は、議会の特権に対して重大な侵害行為を行っていることに

1871年のビスマルク（上）とフィルヒョー（下）

なります。両者が決闘することは言語道断です。本議会の議長は、国家の自由と議会の権利を守らなければなりません。

議長はフォルケンベックの意見を正しいと認めた。これに対して、ローン陸軍大臣はこう反論した。

個人の名誉は、人間のもっともすばらしい一面であり、それを守ることはその個人一人の責務です。この世の如何なる権力者も、ある個人に与えられた侮辱・恥辱を取り除くことはできません。己の名誉を汚されたと感じた男は、如何なる発言にもしたがう必要はありません。フィルヒョー氏は、公的に陳謝すべきであり、さもなければ、ビスマルク首相は、決闘に必要な手続きを開始すべきです。

陸軍大臣のこの意見は、議会の中で与えられた侮辱は、議会の外であがなうべしとする保守派の政党の考えを代弁するものであった。

それに対して、カトリック政党や左翼の党派は、「決闘は、現に有効な刑法と、良風やカトリックの教えにまったく反するものであり、如何なる市民も、議会議員はなおさらのこと、これを強要されてはならない」という立場を表明し、当然のことながら、公然とフィルヒョーの肩を持った。

プロイセンの議会において他に審議することが何もないかのように、連日両者の決闘の是非をめぐる激しい議論が交わされた。マスコミも、この件に関する世論をかきたてようとありとあらゆる手段を用いた。大衆の政治的集会や選挙集会においても、時の首相ビスマルクと著名な政治家フィルヒョーの決闘の賛否について熱心に議論された。その間、当のフィルヒョーは、世論を鎮静化するために議会から姿を消していた。

一八六五年六月一七日、議会でついにフィルヒョーは、「ビスマルク首相を侮辱しようなどとはまったく思っていませんでした」と公言し、結局、ビスマルクの面前で行った約二週間前の発言を公式に撤回した。ビスマルクはこれに満足し、かれに対する決闘の要求を取り下げた。このようにして結果的に両者の決闘は回避された。

ドイツ帝国議会で再燃する決闘論争

さて、一八七一年にベルサイユ宮殿において、ドイツ帝国の成立が宣言されたが、この帝国議会においても、当時、依然として蔓延していた「決闘」の是非をめぐって激しい議論が交わされた。決闘反対派の議員たちはこう主張した。

決闘は、キリスト教のモラルと相容れないものであり、法に反するものである。勇気はそもそも名誉の規範・尺度となり得るのであろうか。もしそうであるなら、細いロープをつたってナイアガラの滝の上方を綱渡りする男が、世界で一番名誉に満ちた男ということになる。前もって会ったこともない相手と、真剣を使って顔と頭を斬り合う学生の決闘（メンズーア）において、名誉心は一体どこにあるというのか。……決闘は、法の論理とまったく矛盾するものである。もしある検事が、「決闘の申し入れを受け入れることは、名誉を重んじる男の義務である」と公言したとしたら、われわれの法律はいったい何のために存在するのであろうか。

それに対して、決闘擁護派の議員たちは次のように反論した。

決闘を、故殺（殺害）や傷害と同等に扱おうとするのであれば、それはまったく間違っている。ある個人の道徳的な存在が問題となっている場合は、他人や法律の助けを借りずそれを擁護できるのはその本人しかいない。そしてそのために決闘は存在しているのである！　ある男が、自分の妻や娘が他の男に誘惑され、性的な関係を結んでしまった場合、その男は、自分の家族の名誉を、その誘惑者に科せられた罰金であがなうことができるであろうか？　いや、そんなことは断じてできない。そのような場合、決闘はひとつの強制的な必然である。

すでに述べたように、一九世紀に入るとイギリスやフランスでは決闘の数は激減していったが、それに対して、ドイツにおける学生、将校、そして市民による決闘の数は増加の一途をたどっていった。上述のようにドイツでも反決闘論者がいたが、国家の中枢にまで決闘擁護派がいた。こうして決闘の慣習は、政治・社会・文化の各方面で多大な影響力を及ぼしたエリート階層の将校や学生に連綿と受け継がれていく。そのため現在にまでそれはメンズーアの伝統に残り、変容したとはいえ決闘の精神は存続しているのである。（菅野瑞治也）

第四章

決闘からスポーツへ

1　決闘とスポーツにかかわる相関関係図

決闘からスポーツへのプロセス

これまで決闘のヨーロッパ史を語ってきたが、第四章からは視点を変え、決闘が時代の経緯とともに、スポーツへ転換していったプロセスをたどってみたい。次ページの決闘とスポーツにかかわる相関関係図のうち、本来、第四章では網掛けをしたように、社会集団の中で生じた軋轢が、決闘→神明裁判→フェーデ→決闘裁判→剣（ピストル）による決闘→フェンシングへと展開していくルートをクローズアップすればよいことになる。しかし現実にはことはそれほど単純ではなく、その他の関連するファクターがいくつも想定される。

ここであえて決闘からスポーツへの展開にかかわるファクターを図式化すると、古代の人間集団における祭り、狩猟、競争、決闘、戦争、対動物競技、娯楽など多様なものが深くかかわってくる。さらに、スポーツの巨大化したオリンピックも含まれるが、もちろんそれぞれは、相互に密接に関連するものである。

このような膨大なファクターのうち、決闘のルーツは人類の根源的な生存本能、闘争心、名誉心などに行き着いてしまう。第四章ではトータルな視点を念頭に置きつつ、人類の歴史にもさかのぼり、決闘からスポーツへのプロセスを分析してみたいと思う。（以下第四章のすべて浜本隆志）

起源	発展プロセス
祭り	神事·奉納　神前ダンス　力比べ　神前競争　古代オリンピック
狩猟	石投げ　弓道　貴族の狩猟　射撃　ライフル競技　槍投げ　ハンマー投げ
競争	村落共同体の力比べ　競走　球技　各種近代スポーツ　近代オリンピック
決闘	神明裁判　フェーデ　決闘裁判　剣(ピストル)による決闘　フェンシング
戦争	部族戦争　宗教戦争　植民地戦争　独立戦争　国家間の戦争　世界大戦
対動物競技	動物との格闘　円形劇場　騎乗槍試合　闘牛　馬術　競馬
娯楽	盤上ゲーム　賭博·ギャンブル　サーカス　カジノ

決闘とスポーツにかかわる相関関係図（筆者作成）

2　牛の供犠と闘牛

オーロックスとの格闘

まずスポーツのルーツをさかのぼれば、もっともプリミティヴなものとして狩猟が挙げられる。人類は生きるために動物を狩り、人間対動物の格闘をしなければならなかった。獰猛な動物の場合、それは過酷な対決を含み、一種の決闘技となるので、人類は有利な武器を考案するようになった。その延長線上において、体力勝負、競争、跳躍など、人間の能力を競う後のスポーツが生まれる可能性を育んだ。

次ページ上に引用するのは、ホモサピエンスのクロマニヨン人が二万年ほど前に描いた、ラスコー（フランス）の有名な洞窟壁画のひとつである。これほどまで太古の世界へさかのぼって、踏み込む必要がないという意見もあろうが、あえて採り上げたいと思う。というのも、太古の壁画の中には単なる動物との格闘だけでなく、人類の宗教観や世界観の原点を読み取ることができるからである。

ここではオーロックス（原牛）とみられる巨大な牛が槍で仕留められ、その腹から腸がはみ出している。横に人間も描かれているが、その男のペニスが勃起している。これは最高の神の恵みを得た高ぶる気持ちを表している。さらに横の鳥の姿は、神への使者の役割を果たしているようである。したがってこのオーロックスは、貴重な獲物であると同時に、神への供犠であることがわかる。

クロマニヨン人がこの場面を洞窟内（子宮内）で描くことにより、神に豊饒な恵みを感謝し、さらなる獲物を祈願していると解釈され、かれは一種の祭司の役割を果たしている。太古の人間にとって、動物との戦いは死活にかかわる重大な問題であったが、ここに生命と死、その再生を願う古代人の祭祀の姿を読み取ることが可能であろう。

ミトラ教と牛の供犠

このような動物と人間の格闘の構図は、古代ヨーロッパに広がったミトラ教の牛の供犠のしきたりにつながっているように思われる。ミトラ教は地中海地方、メソポタミア、ペルシャ地域にみられ、これは牧畜民の宗教をルーツとする。ミトラ教は古代ローマ時代では、紀元前後から四世紀まで興隆した宗教であるが、キリスト教の伝播とともに衰退した。文書の記録は定かではないが、ミトラ（ス）が奉納されたとみられる牛を洞窟で屠る彫像が数多く残っている。

図下に挙げるのはミトラ（ス）が足で牛の後ろ脚を押さえ、短刀で屠る場面を表したものである。彫

ラスコーの洞窟壁画のオーロックス

ミトラ教の牛の供犠

像をよく見れば、牛の腹部に流れる血をヘビ、犬が舐め、生殖器にサソリが噛みついている。ここにクロマニヨン人の祭祀行事の場面と一脈通じる世界観がある。この牛は諸説あるが、ひとつには豊穣を願う供犠であると解釈される。

とくに紀元後の古代ローマにおいて、ミトラ教が興隆してきた。信者たちは供犠によって神に豊かな恵みを祈願しているが、さらにミトラ教の宇宙観は、占星術の牡牛座とのかかわりがあり、宇宙の運行の摂理を表しているという説もある。太陽神ミトラが冬至にいったん死に、一二月二五日に復活する儀礼はキリスト教に継承された（クリスマス）。いずれにせよここに供犠によって終末から再生への祈願が込められている。

目的はどうであれ牛を殺して神に捧げることが、神を喜ばすことに他ならない。ミトラ教は古代ローマで最初、下層民の宗教として広がったが、やがて皇帝もこれを信奉するようになった。その後ミトラ教はミトラスとなり、キリスト教と競合し、古代ローマが四世紀にキリスト教化（三八〇年に国教、三九二年に他宗教禁止）されると、ミトラスは異教として否定される。しかしミトラスはキリスト教の教義にも流入し、前述のクリスマスの行事、すなわちキリストの生誕祭、死と復活の教義はミトラスと重なる点もある。もちろんキリスト教に牛信仰は流入しなかったが、ヨーロッパにおいては牛の屠畜にまつわる神話が残っている。

ミノタウロス神話の怪物退治

地中海のクレタはエーゲ文明の栄えた島として知られ、ここに有名なミノタウロス神話が伝わっている。クレタ島の王ミノスはゼウスとエウロペの子であったが、ゼウスに牡牛を捧げなかった。怒ったゼウスはミノス王の王妃パシパエに呪いをかけ、牡牛と交わりたくなるように仕向けた。とうとう彼女は牡牛と交わり、頭部が牛で体が人間という半獣のミノタウロスを生んだ。ミノタウロスは成長すると狂暴になり、アテナイ人に対して人間の供犠を要求し、それを食べていた。王はやむを得ず、ミノタウロスをクノッソス宮殿のラビリントスへ閉じ込めた。そこへアテナイの英雄テーセウスがミノタウロスを退治すべく、みずから供犠のふりをしてクレタ島へやってくる。

ミノス王の娘アリアドネは勇気あるテーセウスに惚れ、かれに麻糸玉を渡し、ラビリントスから帰還する方法を教えた。かれは教えられた通り、麻糸玉の端を入り口にくくり、それを繰り出しながらラビリントスの内部に入っていった。迷宮へ入ってミノタウロスを発見し、退治して糸を頼りにもとのところへ無事戻ってくることができた。この神話も英雄テーセウスの牛の怪物退治という、一種の決闘の構造を示している（左図参照）。

ただし現実には、この神話はクレタ島で繰り返されていた天変地異を、牛をシンボル化したミノタウロスになぞらえ、それを英雄が退治したという解釈になる。人間と自然の対決は根源的なものであるが、しかし解決方法を指図したのは王女アリアドネであって、天変地異も女性の叡知によって乗り切ること

ミノタウロス伝説とラビリントス

テーセウスとミノタウロスの対決

ができたという、ここには女性上位の思想が色濃く表れている。

闘牛のルーツは

怪物ミノタウロス退治は、古代ローマのコロッセウムでの動物との決闘を連想させるが、これは祭祀行事ではなく、有名な「パンとサーカス」の一環として興行的に実施されたものである。ここでは奴隷剣闘士同士の死闘も行われ、さらにかれらは動物との対決を迫られたという記録がある。奴隷剣闘士は、生きるか死ぬかという戦いを余儀なくされた。コロッセウムの決闘は、神話と異なり興味本位の盛大なエンターテインメントに変容している（一五八ページ以下参照）。

これらの中に、剣士と猛獣だけでなく牛との戦いもあったが、プリニウスは『博物誌』の中で、それはシーザーがスペインから移入したものであると記述している。コロッセウムは首都ローマだけでなく、古代ローマが支配していた各地に存在したので、見世物はヨーロッパ規模の広がりがあった。しかしスペインの闘牛のルーツは、古代ローマの劇場型の行事を継承した、中世のスペイン貴族の「騎馬闘牛」にあるという説がある。

これは騎士や貴族が従者を連れて馬に乗り、槍で牛を殺すという、騎乗槍試合に似た人間と動物の対決であった。試合には富裕な貴族しか出場できなかったが、「騎馬闘牛」はかれらの勇気、闘争心を披瀝する場でもあった。その後、騎士や貴族の従者による人間と牛との直接対決のハプニングが人気を呼び、騎乗騎士対牛の試合から人間対牛の対決に変化していった。

他方、円形の闘牛場ではないが、民衆行事として人びとがローカルな闘牛を行い、殺した牛を共食する地域もあった。この牛供犠の習俗は、スペイン各地の民俗行事に組み込まれていた。スペインのパンプローナの牛追い祭り（サン・フェルミン祭り）も、牛を巡る祭祀行事の変形であるといえる。そうすると、闘牛は古代ローマのコロッセウムでの動物対決や、中世の騎乗槍試合より古い、太古の狩猟時代から続く宗教的・祭祀行事の系譜に由来するものであると考えられる。

闘牛への熱狂と禁止

人と動物とが戦う闘牛は、その長い歴史経緯の中に、人びとを熱狂、興奮させる美学に似たものが認められる。それは単に牛の死を見ることだけでなく、闘牛士の闘い方、華麗な身のこなし方、動物の本能、生と死の激闘、供犠の現認、観客の熱狂、これらの融合した雰囲気が人びとを惹きつけてきたのであろう。闘牛に魅了された有名人として、フランシス・ゴヤ、コクトー、マネ、パブロ・ピカソ、ヘミングウェイ、バタイユなどが挙げられる。とくにバタイユは『空の青』(一九三五か三六)で闘牛を牛の供犠と見立てている。闘牛は一種の祭りのセレモニーであったので、民衆に絶大な人気を誇り、闘牛はかつてスペインの国技ともいわれてきた。

決闘がヨーロッパで禁止されてきた経緯と同様に、闘牛も一八世紀の啓蒙主義の時代にはその野蛮さに対して、まずカルロス三世が一七八五年に禁止令を出し、カルロス四世も一八〇五年に同様な方針を出した。しかし決闘禁止の経緯にみられたように、それは民衆に不評で、かれらは民俗的行事として熱狂的に闘牛を擁護した。このような禁止と擁護の綱引きが近年まで続いてきた。

ヨーロッパでかつて流行った、動物虐待につながる「熊いじめ」や「猛獣対決」は、ルネサンス時代以降、人びとの嗜好の変化とともに減少・消滅していった。最後に残ったスペインの闘牛も二〇世紀後半になって、動物愛護団体から強くクレームが出され、槍玉にあげられてきた。いうまでもなく残酷な牛の死の光景は、動物愛護精神に反するからである。結局、闘牛の盛んであったバルセロナでも禁止された。スペインでは闘牛の人気の凋落と反比例し、サッカーに熱狂的なファンが数多くいて、その代替を果たしている。

3　決闘の公平なルール化

武器から競争競技へ

スポーツ社会学を提唱したエリアスは、スポーツを野蛮から文明化のプロセスの中で位置づけたが、人間の本能的な生存競争、戦争から、決闘、スポーツ化へのメカニズムは、文明の発達と相互に密接にかかわっていたことがわかる。たとえば人間同士の争いや戦争は利害、宗教、世界観の違いであれ、いつの時代にも存在する人間の本能の中に組み込まれたＤＮＡのようなものである。

その際、人類は腕力だけでなく、こん棒や剣、弓、槍、投石機、鉄砲、大砲など、新しい武器を次々と考案した。とくに戦争に大きな転機をもたらしたのは火薬を用いた鉄砲や大砲である。これらの使用によって、人命は軽視されて支配の勢力地図が大幅に塗り替えられていった。攻撃型の武器の発達は、それに対抗する防御のヘルメット、甲冑、楯の発達を促した。さらに馬の利用によって、機動力をそなえた騎士も戦略的に重要視された。

古代や中世において、プリミティヴな武器は石である。単なる石投げから、さらには紐を使って遠心力を利用し、遠投する方法やアーム付きの投石器なども考案された。石は中世においても戦場で武器として登場し、とくに籠城戦で大きな効果を発揮した。たとえば中世ドイツの『マネッセの歌謡写本』において、その光景が描かれている。

このページの図上は城の攻防の場面を描いているが、守る側は城の上から岩石を落とし、弓矢で狙い撃ちをする。攻める方も弓矢や打ちこわしの斧などで攻撃する。貴婦人すら戦闘に加わっており、攻める方も楯とバナー（小型旗）を持ったまま戦死している騎士も描かれている。

ところが平和時には城内で、石投げの競技が行われた。図下は中世ドイツにおいて、フォン・リエンツ城伯が石投げをしている情景を描いている。これは『ニーベルンゲンの歌』でも登場するものであった。そのため石投げという一種の砲丸投げのようなスポーツが、平和時に城で行われていたのは明らかである。その後、これらは近代オリンピックにおいても、ハンマー投げ、砲丸投げなど近代のスポーツに変化していく。

『ザクセン・シュピーゲル』の決闘のルール

すでに第一章でフェーデや決闘の歴史を見てきたが、その際、決闘に共通していることは、公平なルールを目指していることである。一三世紀のドイツ最古といわれている法鑑『ザクセン・シュピーゲ

城壁からの投石

石投げ

『ザクセン・シュピーゲル』の決闘のルール

ル』に、決闘に対する取り決めが定められている。『ザクセン・シュピーゲル』では、識字能力のない人びとのために、絵解きのかたちでも図示されているので、たいへんわかりやすい。それは、相互に納得して遺恨のないようにするためである。図上に示すのは裁判官の前で、二人の決闘者が宣誓をしているところである。

図下は剣による決闘の場面であるが、正午に決闘を始め、太陽が両者にとって公平になるよう配慮を示している。武器も服装、髪のカタチ、靴も同一を原則とする。楯は中央部が鉄で、その他は木と革製であることも文言で説明されている。こうして決闘裁判によって係争の決着を図ろうとしているが、これは近代において、裁判で決着をつけるながれに繋がる。

決闘裁判のルール

決闘裁判形式においては、通常、野外の円形に囲まれた柵の中で行われた。これはスポーツとの関係からも重要な意味を持っている。すなわち柵内がコート、あるいはリングであり、戦いはその中で行うものというルールの原型になったからである。次ページの図は一四世紀の決闘の光景である。両者は実戦と同様、鎧兜を装着し、楯もふくめて完全装備をしている。背後で神が統括していることが天使によって示されているが、両者は神の前で誓いを立て、柵の外にはそれぞれ二人ずつの介添え人（セコンド、初期の場合は一人）が付いた。

背後の審判とそれぞれの支援者が決闘を見守っている。介添え人は決闘に直接関与できなかったが、裁判官の指示か決闘者の要請によって、決闘が継続不可能な場合に棒を投げ入れることはできた。その場合、投げ入れられた方が敗者になった。もちろん真剣で勝負するので、兜や鎧の継ぎ目を攻撃すると一瞬に相手を傷つけたり、場合によれば致命傷を与えたりするケースもあった。結果的に決闘に勝ったものが正当性を持つという結論が下された。そしてそれは神の意思であるという解釈がなされたのである。

女性のハンディを考慮する

決闘者と2人のセコンド（14世紀）

さらに公平さを表す特例として、男女の決闘のルールも存在した。通常、男女の対決は体力差から決闘に馴染まなかったが、どうしても決闘をせざるを得ない状況もあったからである。たとえば決闘請負人のハンス・タールホッファーが一四六七年に描いた、『決闘の書』の珍しいイラストが残っている（次ページ）。かれは南ドイツ、スイスあたりで活動していたとみられる。

騎士の決闘は本来、槍か剣であったが、市民の男女の場合、女性の武器は四〜五ポンド（約二キログラム前後）の石を布で巻いたもの、同様に男性はこん棒であった。もちろん女性は決闘の代理人に頼むことができたが、みずから決闘に臨む場合もまれにあったとみられる。夫を殺されたり、女性として男性に辱めを受けたりしたことへの決着をはかり、決闘によって男女関係のもつれや恨みを晴らすこともありえた。

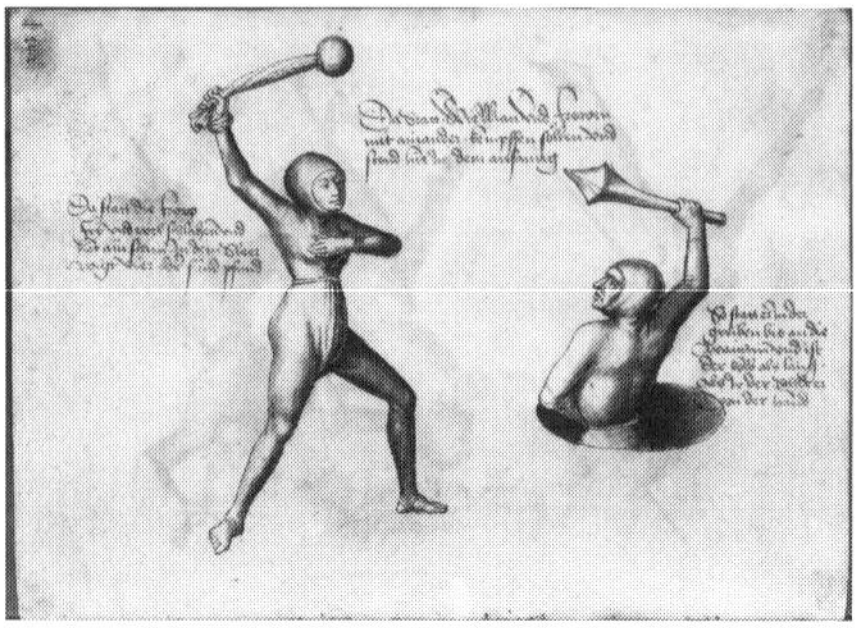

男女の決闘ルール

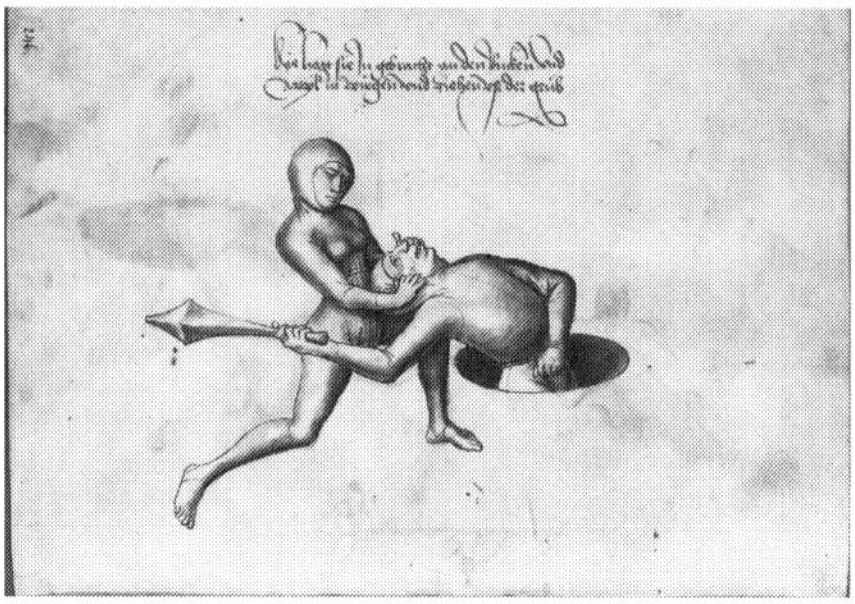

女性の勝利

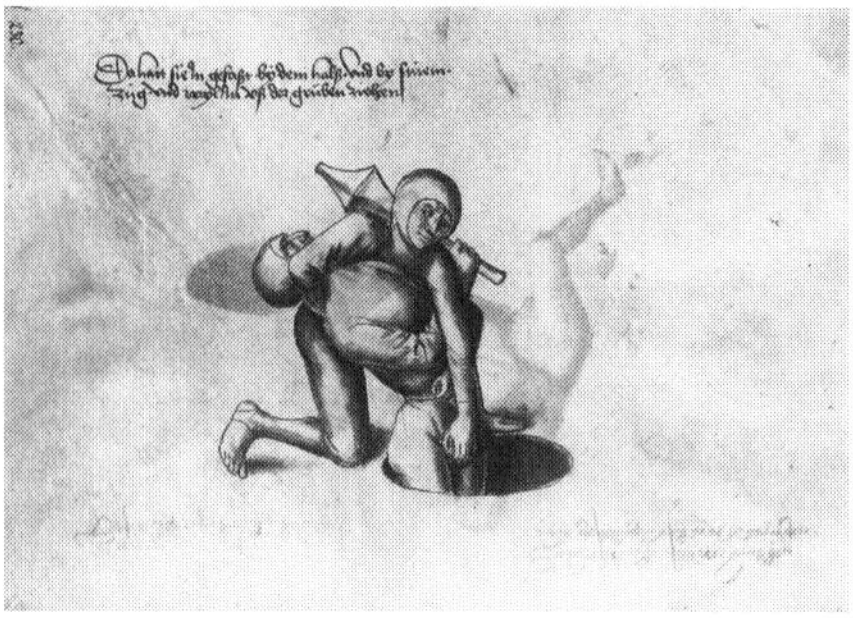

女性の勝利

ただし女性は体力的に弱いのでハンディが考慮された。男性は半身を穴の中へ入れ、行動を制限された。しかも左手は縛られて使えなかった。通常、男性は相手を叩くことに失敗し、三回地面を空叩きすれば負けとなった。女性はもちろん穴の周囲を自由に身動きができた。

これは相手を殺すことを目的とした決闘ではなく、相手が戦意を失えば負け（ギブアップ）というルールであった。いうまでもなく、余程のことがなければ、女性が勇敢に戦うことはなかった。アウクスブルクの年代記では、一五一一年に男女の決闘が行われ、男性が勝利し、女性は左手を切断されたとある。その過酷な制裁は安易な決闘を戒めるためのものでもあった。

なお次ページ図下は、武器による本格的な男女の決闘図であるが、女性が勝利した珍しい光景が描かれている（一五世紀のスイスの年代記）。しかし歴史的には男女だけでなく、女性同士の私闘すら存在する。上述の体力を要するものから、つかみ合い、サーベル、さらに銃によるものまで記録に残っている。一見すると恋愛のもつれが決闘の理由と思われやすいが、実際にはそれより名誉毀損の事例が多い。

決闘代理人という制度

名誉を毀損され、決闘の正義が叫ばれたとしても、紛争の当事者が勇敢な騎士同士ではなく、片方が高齢者、病人、女性などのケースが発生する。とくに貴族の女性が貞節を疑われる事例が、宮廷内の陰謀がらみでよくみられた。上述した男女の決闘は例外で、女性が決闘に挑むケースは多くなかった。当

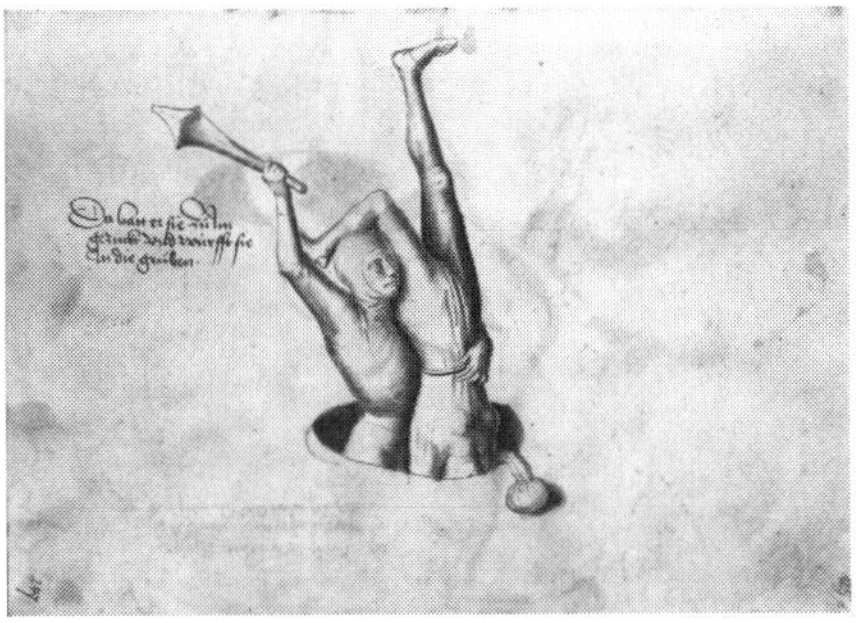

男性の勝利：手の紐を振りほどき、女性を穴へ落とし込んでいる

女決闘者の勝利

事者同士の決闘が困難である場合、通常、公平性を期すために、ふさわしい決闘代理人を立てて決闘を委託することが多かった。その場合、中世の決闘では一族の名誉にとって大問題であったから、親族が代理人になることが一般的であった。これだけなら、決闘裁判の本質を変えることにならず、大筋では容認できることである。

ところが親族に適当な人物がいなかったりすると、中世でも決闘請負人、すなわち決闘士に依頼することが行われた。当時、その需要があったと見え、職業的な代理人がかなりの数、存在していた。しかし第三者の代理人は、決闘の本来の目的を変えてしまう結果になった。というのもそれは、原点であった当事者同士の紛争の解決でなくなってしまったからである。しかも第三者になると、正義が勝つとか神意という、決闘の信憑性すらも疑われることになっていく。

たしかに決闘代理人の登場は、次節で説明するエンターテインメントとしては評判を呼んだが、それは決闘の本来の姿や大義名分を損なうものであった。そのため本来の意味における、人びとの決闘に対する関心が薄れてしまった。こうして代理人決闘だけでなく、公的な決闘裁判すらも、フランスでは一六世紀半ばになると行われなくなり、重大な裁判は中央集権的なフランスでは王権の管轄下にあった高等法院に委ねられるようになる。その他の国々でも紛争の解決は、人為的な裁判所で裁かれた。

その際、ローマ法の流れを汲む「糾問裁判」がクローズアップされてくる。これは証拠を重視する裁判であるので、近代的な方法と思われやすいが、証拠がない場合、自白に頼ったので、判事は自白を引き出すために公に拷問を容認していた。とくにスペインの異端審問やドイツの魔女裁判では証拠がない場合が多く、拷問などを行使して自白を引き出し、裁判は無実の被告に死刑判決を次々と下していった。

決闘の衰退とピストルが登場したわけ

近代になると貴族の身分制は崩壊し、ノブレス・オブリジュ（貴族は貴族らしく）というポリシーは、時代遅れになる。あらたに支配階級になったブルジョワジーは、前述のように決闘に関心を示さなかった。もちろん大多数の市民も同様で、決闘の残酷さに嫌悪感すら抱いていた。ところが第三章で確認したように、それでもドイツでは貴族に代わって軍人の将校たちが決闘にこだわった。

係争は公式の裁判を経ることなく、多くの場合、非合法の私闘として行われるようになった。当事者同士とセコンド立ち合いの私闘は、枚挙にいとまがないほど多くの事例があるが、禁止されていた私闘でも制裁は軽く、国王による恩赦のケースが多かった。刑罰といっても有名無実であったのは、私闘の関係者らが王直属の上流社会に属していたからである。

近代において非合法の私闘でも、ルールの公平性は厳格に守られた。審判員という第三者を介してルールを決め、武器も同一であった。さらに近代では私闘の武器は剣からピストルに変化し、小説ではロシアンルーレットが話題を呼んだ。これは通常、武器の近代化による変化と考えられやすいが、実はそうではない。かつての剣の場合、剣術に優れ、腕のいいものが圧倒的に有利であった。ピストルの場合、引き金を引く作業だけであるので、腕の上手、下手はあまり問題にならず、公平性が保てるというので採用されたという。

統計的には、実際にはライフリングのないピストルの決闘では、一回の対決の死亡率は一四パーセント程度で、剣より生存率が高かった（山田勝『決闘の社会文化史』参照）。しかしそれでも決闘の野蛮さが払拭されたわけではない。たとえいくら公平性が保たれても、このような決闘の持つ残酷性が、現代において市民権を持ちえないのは当然であった。

4　勝負の娯楽化

公開決闘裁判とトーナメント

かつて中世以来、決闘裁判は多くの場合、公開で行われた。王の委託を受けたものが判定人となり、決闘の勝者が正当性のあるものと認定された。たとえば次ページの図に挙げたアウクスブルクの公開決闘裁判の光景（一四〇九年、描かれたのは後の一五四四年）が残っているが、ここでは同じ剣と楯、同じ防具で決闘を行っている。柵を設け審判が仕切る決闘図は多くの観衆を巻き込んでいる。公開決闘裁判は第五章でも分析するが、貴族や都市市民の一種の最大のショーであって、このエンターテインメント化した決闘は人気を博した。

公開決闘裁判は騎士のトーナメントと類似したイベントであった。集団の騎士トーナメントの場合、野外で実戦を模したものからスタートした。通常、王侯が主催をし、近隣諸国から騎士の参加者を募った。テントが張られ、安全地帯が設けられ、それぞれの陣営に騎士や従者が配置された。審判役の紋章官と従者がルールを説明し、トランペットの合図で試合が始まる。太鼓が戦闘意欲を鼓舞し、実戦さながらの駆け引きが行われる。四回戦がふつうであったが、トランペットの合図で試合が終了した。捕虜になると身代金の支払いの義務が生じ、勝者は戦利品のヘルメット、武具、馬を獲得することができた。勝者を貴婦人が顕彰し、これが騎士にとって最高の誉れとされた。

このトーナメントは王侯や騎士たちだけでなく、一般民衆にも関心が広まった。そのため野外だけでなく、観客が見やすいよう都市の広場で開かれることが多くなった。図下に引用するのは、一五六一年にニュルンベルクの都市広場で企画されたトーナメントである。トランペットや太鼓の鳴り物入りで、多くの観客を集めて行われている。装備だけでも多額の費用がかかったので、王侯貴族という特権階級しか試合に参加できなかった。柵が設けられ、騎士だけでなく従者のキッパー（攻撃助手）も登場している。これは一種のエンターティンメントであって、派手な騎士の衣装、馬に着せた紋章をシンボル化

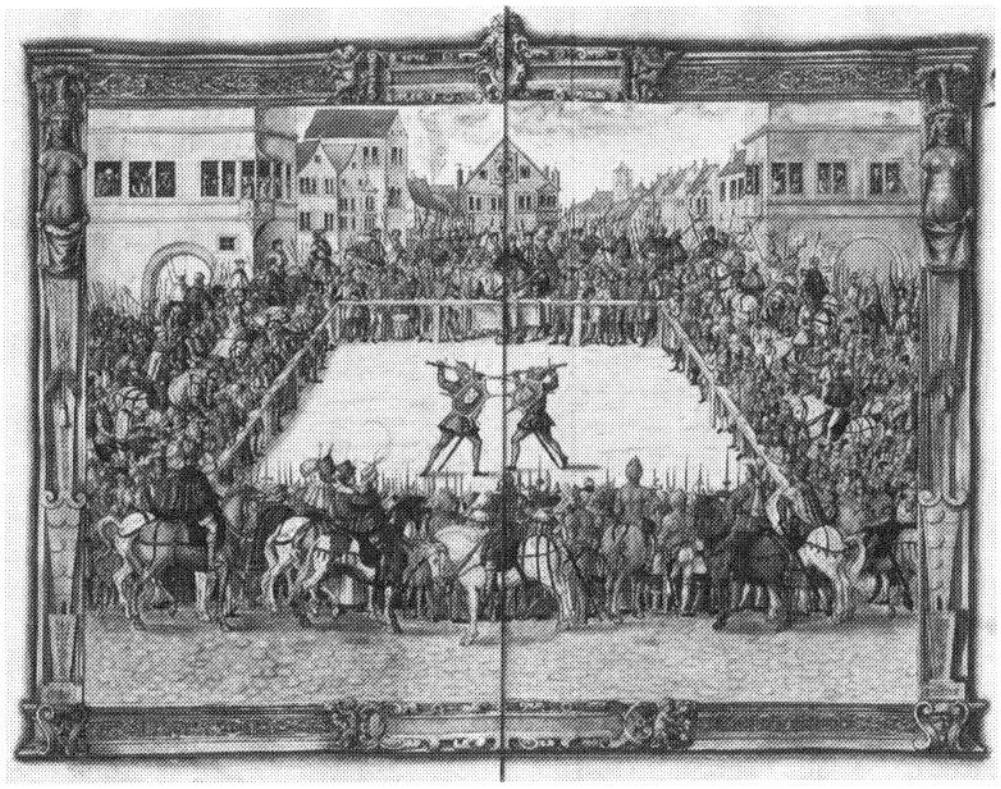

アウクスブルクの公開決闘裁判

ニュルンベルクのトーナメント

した馬衣、折れやすくした長槍など、視覚的にも観客にアピールするよう工夫を凝らしている。都市市民たちが熱狂して見物するのは当然である。なお都市開催の場合、運営費用は都市の参事会や都市貴族が賄った。

人気の射撃祭

さらに民衆を巻き込んで人気を博したのは、中世以来の射撃祭であった。もともと弓矢や銃による射撃は中世都市の防衛訓練を意図して行われるものであった。中世ヨーロッパでは都市の周囲に市壁を設け、都市ごとに防衛をしていたが、自衛軍を持つ都市は少なく、神聖ローマ帝国や有力諸侯と同盟を結んで庇護されていた。それでも通常、三〇〜五〇人程度の都市を自衛する射撃結社がつくられ、定期的に訓練を実施していた。

このような背景のもとに、有力領主は各都市に通達を出し、射撃大会を開催した。それは後世にも射撃祭として受け継がれた。ここには石弓や火縄銃を持ち、近隣の射撃結社だけでなく、現在の国境を超えて各国のグループが集まり、大会に参加した。その光景を描いた版画が残っている。次ページの図上に示すのは一五六七年にバーゼルで制作されたもので、火縄銃の射手は丸い標的を打ちぬく腕を競った。石弓の射手は鳥の模型を狙っている。右に立っている人物が審判で判定をしている。優勝者には賞金が渡され、称えられた。

イベントは射撃だけでなく、同時に競走、石投げ、三段跳びなどいろいろな競技が加えられ、近隣の都市や村から参加者や見物人が押しかけ、たいへんな人気を博した。現代風にいえば一種のスポーツ大会となるが、これは中世以来、ドイツ中部のアウクスブルク、プファルツなど各地域で盛んに行われた。さらに隣接するシュトラースブルク、チューリヒでも、射撃祭とスポーツ大会は民衆の最大の娯楽となった。ここにも軍事とスポーツの親近性が認められるのである。

村祭りのスポーツ

射撃祭だけでなく、村祭りも村落共同体の絆の中で暮らしている人びとにとって、最大の関心事であった。ここでは単に飲み食いだけでなく、やはりイベントが組み込まれていた。今日でいうゲームやスポーツの原点に当たるものである。図下に引用するのは、ハンス・ゼーバルト・ベーハム（一五〇〇～五〇）が村のスポーツ祭りの光景を描いた版画である。

ベーハムはニュルンベルク生まれで、デューラーに版画を習ったと伝えられる画家であるが、かれの

バーゼルの射撃大会

村のスポーツ祭り（1535）

版画からは、ダンス、競馬、競走、九柱戯（ボウリングの原型）、剣舞、格闘技、木登り（上の雄鶏を捕まえる遊び）、石投げなどの光景が伝わってくる。当時、貴族は騎乗槍試合（トーナメント）に、市民は射撃祭に興じたが、村の庶民はそれぞれが考案し、伝承してきた単純な娯楽（スポーツ）を楽しんだ。そこには女性や子供も加わっている。

これは部分画で、この右に教会が描かれ、礼拝後に人びとが広場で集っている光景がある。それぞれのスポーツの原型には、すでに見たようなルールが定められ、それを前提に試合が行われる。行う方にも見る方にも娯楽的要素がもっとも重要視された。

村の結婚式の鍵競走

村落共同体において結婚式が最大のイベントであった。もし期待に反して、結婚しない「適齢期」の女性がいると、村の若者たちはシャリバリを行使した。これは集団で行う一種の嫌がらせであった。結婚式は村人総出で祝ったが、飲み食いだけでなく、その余興も村人に好まれた出しものであった。W・グロスター編の『迷信事典』に、風変わりな「鍵競走」が行われていたことが載っている。

上部バイエルンでは結婚式の行列が教会から宴会場へ向かう間に、若者たちは裸足で花嫁の部屋の鍵をめぐって鍵競走をした。目的地に一番に着いたものが、金箔紙を貼った木製の鍵と……賞金を獲得した。もし花婿より他のものが先に着くと、花婿は花嫁の部屋の鍵を、しかるべき金で買い取らねばならなかった。

これは結婚式を盛り上げる余興であるが、花婿が愛する花嫁のために全力を尽くす姿を披露する背景には、鍵のシンボル的な意味が隠されている。すなわち、ふつう隠語では鍵はペニス、錠はヴァギナを暗示する。その意味において、結婚は鍵と錠の「一体化」と考えられ、「鍵競走」もがんらい性的に女性を獲得するために、男性たちが女性の部屋の鍵を競い合った習俗の名残をとどめている。ここにもスポーツという競争的要素と、エンターテインメントの両方の原点が認められるのである。

5　決闘のスポーツ化――メンズーアとフェンシング

メンズーアは合法か、有罪か

スポーツ社会学者のエリアスの指摘を待つまでもなく、民主主義の現代に野蛮な決闘は存続し得ないというのは結論であるが、本来の剣による決闘は一七五〇年頃からしだいにスポーツ化された。その際、防具などを施し、試合の安全化がはかられるようになった。勝負の特徴は名誉の回復から度胸試し、勇敢さ、さらに恐怖心の克服、精神力の向上などと、目的が変化していった。こうして決闘は技量を競い、精神を陶冶するというスポーツ化の道をたどることになる。

その典型例が、前述のドイツの学生結社によるメンズーアであった。もちろんこれは当初の一七～一八世紀には名誉の回復が主目的であったけれども、しだいに正々堂々と闘うという方向へ変化した。最終的には何の遺恨もなく闘うゲーム形式に移行した。メンズーアは一九～二〇世紀のみならず、現在もドイツやオーストリアの学生結社の伝統として継承されている。

ただし防具を付けているとはいえ、真剣で闘うメンズーアは現在ドイツで、合法的に容認されているのであろうか。この点について共著者である菅野瑞治也氏は、『実録　ドイツで決闘した日本人』（集英社新書）で述べているが、簡単にまとめると以下のようである。

たしかに一八八三年にドイツ帝国裁判所が、メンズーアは違法行為であるという判決を下し、その後、ナチス時代を含めて約七〇年間有罪は覆されてこなかった。ところが一九五一〜五三年にかけて、「ゲッティンゲンのメンズーア訴訟」が起こされた。カールスルーエのドイツ連邦最高裁判所は、おたがいの合意にもとづく、そしてルールに則った「指定メンズーア」は合法である、という判決を下した。その後、現在にいたるまでこの判決が生きているのである。

本書のプロローグで菅野氏が書いているように、医者も待機して安全性が担保されてきたとはいえ、身体的傷害はたえずつきまとい、安全であるとはいえない。ドイツやオーストリアの学生はそれを承知でメンズーアを現在でも継承している。メンズーア体験を誇りにする学生が後を絶たないからである。

引用した決闘証書（次ページ、一九〇六年）は、決闘者、学生結社の所属、セコンド、立会医師、所見

メンズーア：ゲッティンゲン（1837、初期の最低限の防具を装着）

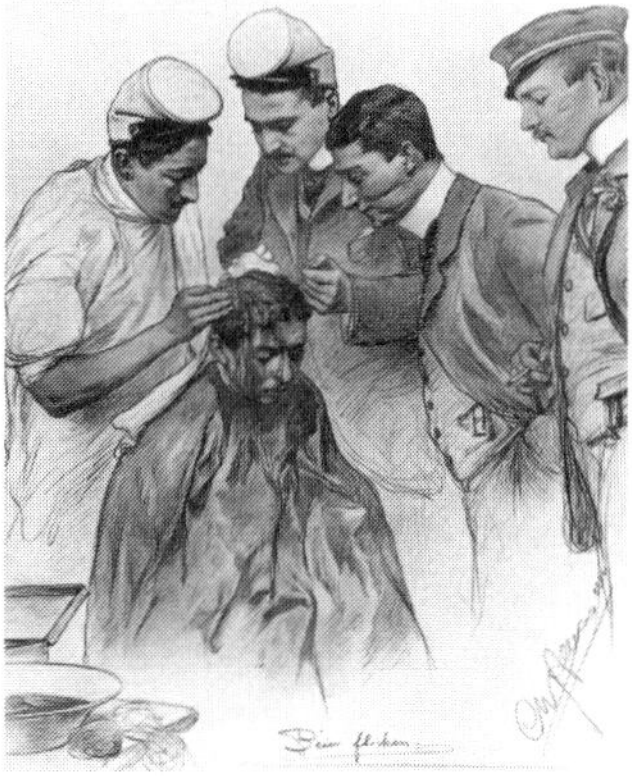

医師による傷の手当（1902）

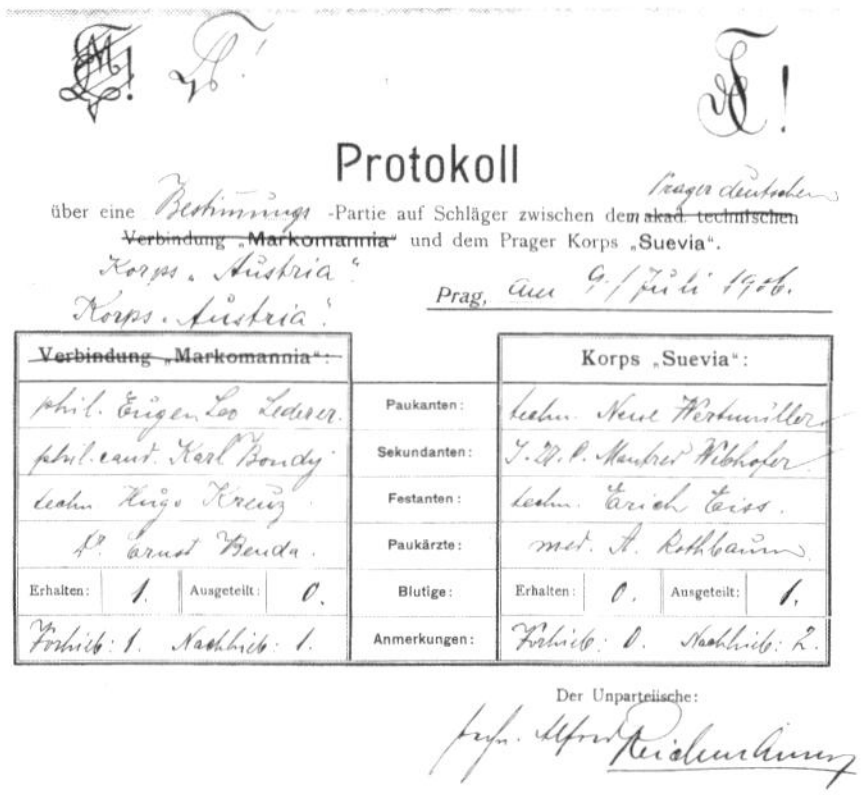

決闘証書

などが記載されているが、もちろんこれには勝敗は関係なく、決闘者の誇りを証明するものとして、大切にされたものであった。

決闘からフェンシングへ

フェンシングの歴史も古いが、ヨーロッパでは中世の騎士の時代に、武器の剣はデーゲン、片刃のサーベルなどを経て、イタリアでフェンシング用剣が生まれた。決闘が廃れる一方、近代ヨーロッパではフェンシングは、一八世紀半ばに防具付きのスポーツとして、決闘から分化していった。そして純粋のスポーツとして、第一回オリンピック種目にも採り上げられた。ちなみに決闘とフェンシングの比較を次ページに示しておこう。

このように決闘とフェンシングの構図を比較してみると、両者はきわめて類似した特徴を持っていることがわかる。この中で本質的に異なるのは、決闘が生か死かという生命にかかわるのに対し、フェンシングは勝敗というゲームであるという点である。もちろんこれが野蛮かスポーツかを分ける、もっとも重要な分水嶺であるのはいうまでもない。

フェンシングには突きのフルーレ（有効面が胴体）、エペ（有効面が全身）と、斬りと突きのサーブル（有効面が上半身）という種目があるが、その違いも各地域の決闘の伝統からスポーツ化した名残を合理化したものである。こうして野蛮さを排除して、防具や安全装置を備え、決闘の精神を競うものとして、完全にスポーツ化が図られた。さらに近年では、瞬時の動作の公平な判定を担保するために、電

	決闘	フェンシング
審判	判定人、裁判官	審判員、機器
サポート	介添え人（セコンド）	コーチ
目的	決闘による真偽	勝敗
マインド	神の加護	自分自身
フィールド	柵内	ピスト内
価値観	名誉の維持、騎士道	フェアプレイ、スポーツマンシップ
用具	両刃の剣	フェンシング用剣
防具	鎧兜、楯、あるいはなし	マスク、メタルジャケットなど
危険性	生か死か	安全

決闘とフェンシングの比較

子審判装置を導入した。かつて決闘で守ろうとした名誉は、スポーツ化することによって、スポーツマンの名誉へと変貌していったのである。

初期のフェンシング（1763）

6　球技の発達

イギリスの球技が世界に普及したわけ

ヨーロッパのスポーツは大別すると、ふたつの潮流に分けられる。ひとつは王侯貴族たちの好んだ騎乗槍試合や狩りなどをルーツとするスポーツ、たとえば乗馬、フェンシング、アーチェリー、射撃の系譜と、他方、民間の民俗行事や祭り、結社、協会、クラブなどの娯楽から発展してきた球技の系譜がある。後者はクリケットやゴルフ、テニス、フットボール（以下サッカーと表記）などの球技である。

もともとこれらはイギリスの地域的で娯楽的な行事であったり、とくにテニスやサッカーは近代のパブリックスクールの遊び、クラブから発達したりしたものである。サッカーは、共同体対抗の祝祭日のゲームをルーツとし、牛の膀胱を皮革で包んだボールをゴールに入れるだけの単純な娯楽であった。一九世紀まで統一ルールも確立せず、野山を駆け巡る野蛮なゲームであったが、地域の人びとの間では絶大な人気を誇った。

しかしその遊びはパブリックスクールの校庭にも導入され、一定の時間内に勝敗を決するために、手を使わないとか相手の足を蹴らないとかというルールを決めた。限られた空間でプレイする時、簡単にゴールへボールを入れにくいようにするためである。このルールの違いがサッカーとラグビーを分けることになった。

サッカーの発展には統一したルールの制定が不可欠であった。そのために、一八六三年にＦＡ（フットボール協会）が設立された。これはイギリスの近代化と軌を一にしたものであったが、協会設立を機にサッカーが教育機関におけるスポーツから、さらには一般人のスポーツにもなった。こうしてサッカーは、イギリスからさらに植民地へ広がり、人気スポーツとなってグローバル化した。

近代スポーツの種目は、ヨーロッパをルーツにするものが多い。それは資本主義の源流がヨーロッパのイギリスにあることと深くかかわっている。スペイン、ポルトガルが先鞭をつけた植民地主義は、一八世紀以降、地球規模で広がり、やがてイギリスがそれを継承した。七つの海を支配した大英帝国は、植民地においても急速に自国のスポーツ文化を普及させた。植民地でのスポーツは、人心を掌握したい現地のイギリス人が採った、格好の娯楽提供であったからだ。このようなイギリスの帝国主義が世界を制覇した事実と、近代スポーツの拡張期は明らかに重なっている。イギリスの植民地主義は、富国強兵政策と肉体の鍛錬は深い関係があるものとして、スポーツを重視したからである。こうしてイギリスは自国の学校教育だけでなく、植民地でも宗主国のスポーツを広めた。

初期のイングランドのサッカー

世界の人気スポーツ・ベストテン

ヨーロッパのスポーツはアメリカへも伝播し、新大陸で新たに進化し、野球、アメフト、バスケットボールなどのアメリカンスポーツを発展させていった。第二次世界大戦後、ヨーロッパ列強の植民地主義は破綻したが、スポーツの種目はかつての植民地でも継承され、スポーツ愛好者が急速に増大した。その結果、サッカー、テニスなどはグローバリズムによって、アスリートはしだいに英雄視されるようになった。アメリカでもスポーツの分野で人種主義を乗り越え、アメリカンドリームを実現し、スター選手を生み出した。

それにしてもスポーツは現代でもヒーローを生み出していく。それはアスリートの努力の賜物であるが、ヒーローは多くの国民の感情を映し出す鏡でもある。その意味で、現在における日本の国民栄誉賞もスポーツ関係者が選ばれることが多い。これは人気取りという意味でも政治と無関係ではなく、まさしくスポーツがいかに国民に注目されているかの証左である。

とくに野球、テニス、サッカー、フィギュアスケートなどスポーツへの関心は、日本でもグローバリズムによってますます高まっている。次ページに世界における人気スポーツ・ベストテン、ファンの人数、地域性を挙げておこう。これはすべて球技であるという特徴を持っている。

現代の人気スポーツ・ベストテン(二〇二〇)

	種目	推定ファン人数(人)	人気の国・地域
1	サッカー/フットボール	35億	ヨーロッパ、アフリカ、アジア、南北アメリカ
2	クリケット	25億	アジア、オーストラリア、イギリス
3	バスケットボール	22億	アメリカ、カナダ、中国、フィリピン
4	陸上ホッケー	20億	ヨーロッパ、アフリカ、アジア、オーストラリア
5	テニス	10億	ヨーロッパ、南北アメリカ、アジア
6	バレーボール	9億	アジア、ヨーロッパ、南北アメリカ、オーストラリア
7	卓球	8億5000万	アジア、ヨーロッパ、アフリカ、南北アメリカ
8	野球	5億	アメリカ、日本、キューバ、ドミニカ共和国
9	アメリカンフットボール/ラグビー	4億1000万	主にアメリカ、フランス、イングランド、ニュージーランド、南アフリカ
10	ゴルフ	3億9000万	ヨーロッパ、アジア、アメリカ、カナダ

sportsshow.net より

第五章

劇場型スポーツと観客

1　祭祀としての古代オリンピック

祭祀としてのスポーツ

第四章で考察したのは決闘からスポーツ化へのプロセスであったが、これらは主に決闘やスポーツの試合において、当該対戦者の本人同士に視点を置いたものであった。第五章ではスポーツを中心に展開するが、対戦者とそれ以外の第三者の観客という視点を加えて考察してみたい。というのも観客と対戦者が生み出す緊張関係が、スポーツの重要なファクターであり、観客が試合そのものを左右するからだ。さらに観客が観戦する場合、試合をするコートやスタンド（アリーナ）もクローズアップされなければならない。これらはあまり重要でないかのように見えるが、施設のファクターもスポーツの本質にかかわる問題を内包している。これらの視点から、第五章を展開するが、最初に古代ギリシャのオリンピックを見ておこう。

古代のオリンピックは、紀元前七七六年にギリシャのオリンピアで開催された。これはオリンポスの神がみをまつり、競技は主神ゼウスにささげる祭典であった。オリンピックは紀元後三九三年まで一一六九年間存続したので、この祭典に寄せる古代ギリシャ人の情熱は、特筆に値する。しかもアテネからオリンピアまで三三〇キロメートルを徒歩で行き来するだけでも難行苦行であったので、古代オリンピックは人びとを引き寄せる特別の魅力があったのだろう。

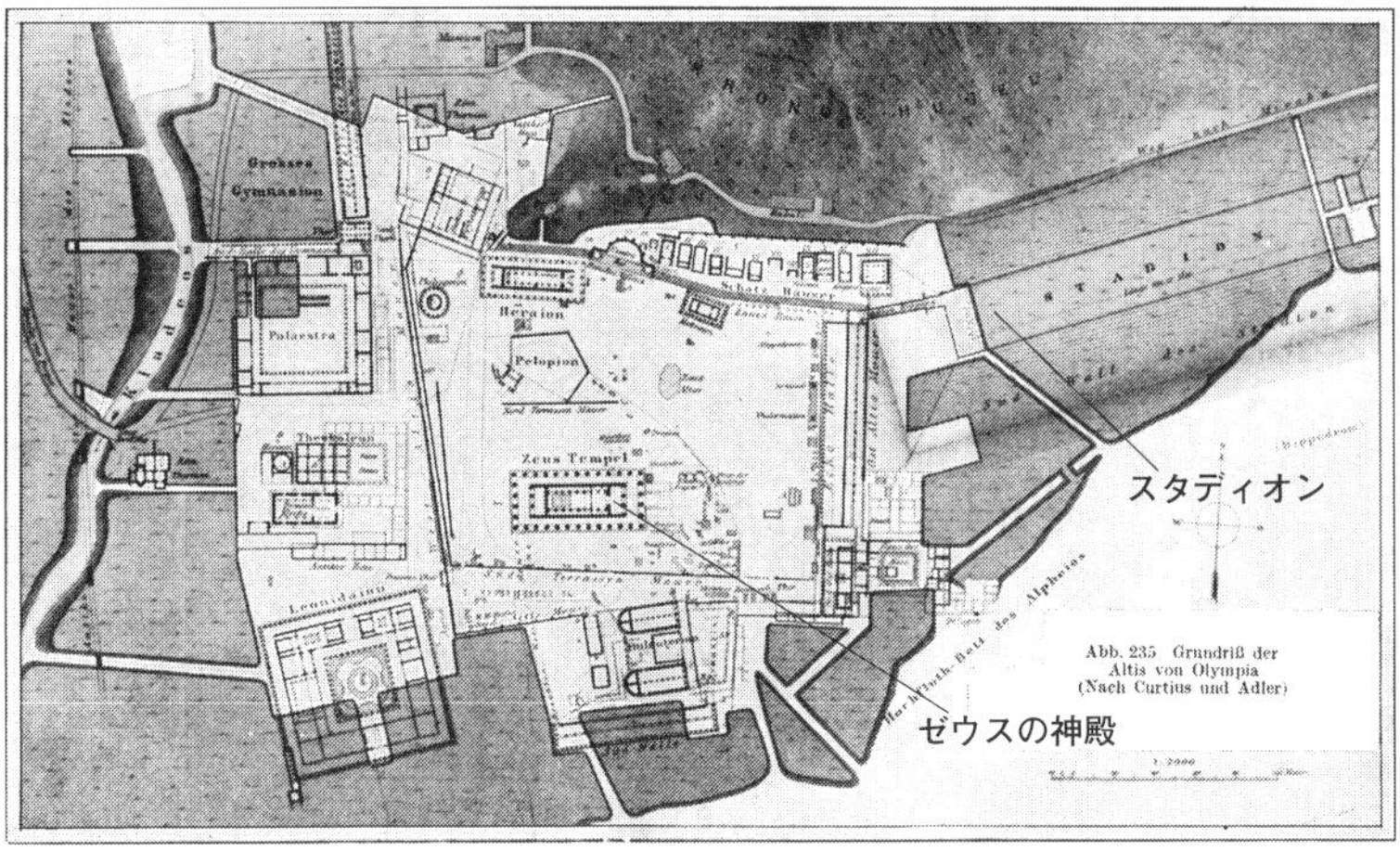

古代オリンピック会場復元図（1908）、中央のゼウスの神殿と右のスタディオンの位置関係もわかる

古代ギリシャ人は勝負を好み、スポーツだけでなく各種の芸術コンテストを行う「アゴン（勝負）の文化」を持っていた。古代オリンピックでは、神、選手、会場（スタディオン）、観衆という構図がすでに出来上がっていた。観衆にとっても競技だけでなく、神にささげられた牛の肉の大盤振る舞いに与《あずか》ることができたので、行事そのものが人びとにとって最高の楽しみであったことは、現代でも容易に推測できる。

古代オリンピックの成立経緯からも、儀礼から始まったスポーツの原点がみえてくる。この構図で、スポーツの祭典における神という存在は重要な意味を持っていた。すなわちオリンピックは神聖な祝祭であり、少なくとも神の前では不正は排除されていたし、人間の殺戮は禁じられていた。したがってオリンピックの期間中はポリス（都市国家）同士の戦闘も、休戦が取り決められた。

古代オリンピックの競技種目

オリンピックは初夏の穀物の収穫が終わった夏に、四年に一回行われるのが慣例になった。ただしこれはポリスの自由市民だけの祭典であり、女性や奴隷は原則として参加や見物を許されなかった。選手はポリスの代表としての自覚が生まれ、きびしい訓練を経て隣国のポリス対抗の試合に出場した。こうして一種の地域ナショナリズムの意識が醸成された。勝者はオリーブの冠で祝福され、それはゼウス神の前で与えられる特別名誉あるものであった。やがて古代オリンピックでも、勝敗にこだわるようになり、勝利者が英雄視されると不正が生まれ、神聖な式典が堕落し始める。これは現在でもおこりうる、人間の性のようなものである。

まず具体的に、よく話題に出されるのは、古代ギリシャのオリンピック競技種目である。それは最初、短距離競走で一スタディオン（約一九二メートル）走ったというが、最初はこれだけとされる。ただ回を重ねるたびに、短距離競走から中距離走、槍投げ、レスリング、円盤投げ、パンクラティオン（力比べ）、さらに後にマラソンなどが追加された。また特別人気があったのは戦車競走で、これに人びとは熱狂的な声援を送った。

ただしギリシャの古代オリンピックは、ローマがギリシャを征服した後も継続されていたが、古代ローマがキリスト教化した後の三九三年に、ゼウス神由来のオリンピックは一神教のキリスト教と主旨が合わず、皇帝テオドシウス一世によって廃止された。

ここで古代オリンピックと近代オリンピックの特性を比較しておこう。前述のように古代オリンピックの開催期間には、ポリス間の戦いを中止することが守られた。その後、オリンピックが中断されたことはなく、一一六九年間、連綿と休戦は遵守されてきた。近代オリンピックにも平和の祭典としてのスローガンは継承されたが、実際にはオリンピックは第一次・第二次世界大戦によって中断を余儀なくされた。また一九八〇年のモスクワ大会のように政治的に翻弄された点において、古代との大きな相違がみられる。古代オリンピックの場合、それだけ宗教的な神の力が強かったことを物語る。

一方ではスポーツの原点は、古代の遊びから発達したものであるといわれている。古代オリンピックもしだいに非日常の娯楽の要素を内包するようになった。この点は近代オリンピックも受け継ぎ、大会は商業資本の巨大なマーケットに変貌していった。その意味において本章の次節以下では、劇場型スポーツが古代から、どのようなプロセスで現代のスタジアム型スポーツとなりえたのかを、社会史的に概観したいと思う。それを通して競技場、アスリート、観客という劇場型のスポーツが生み出す熱狂の根源を探ることが可能となろう。(以下第五章はすべて浜本隆志)

2　コロッセウムの決闘試合と観客

パンとサーカス

古代ギリシャ時代から、覇権の歴史は古代ローマ時代に移っていくが、有名な史実は古代ローマの為政者が市民に大盤振る舞いを行ったことである。そのひとつが娯楽用の円形競技場（コロッセウム）であるが、これは周囲五二七メートル、高さ四八メートルの巨大なアリーナで、通常、五万人が収容できた建物であった。西暦七五年に建設が始まり、同八〇年から使用され始めたようだ。

コロッセウムは典型的な劇場型格闘技場であった。そこでは奴隷同士の決闘、剣士と動物の決闘、戦車競走、模擬海戦、見せしめのためのキリスト教徒の殺戮がなされたといわれている。これが可能となったのは、古代ローマが属州を次々と拡大してゆき、富を収奪し、奴隷を擁する強大な階級社会を作り上げたからである。その富をローマ市民に一部還元したといえよう。そしてこの特設の空間が、主催者、競技者、市民の接点になり、現在のスポーツ競技場の原型となった。

古代ローマは共和制から帝政にかけて、自由民には無償の穀物も提供していた。今から考えると、パンとサーカス（競技場）の施策は、歴史的に類のないユートピアのような印象を与える。パンは労働の対価ではなく、贈与であり、また娯楽について見物料を徴収しない施策であったので、為政者が興行によって金儲けをするわけではなかった。しかしそれが可能であったのは、古代ローマが属領を維持拡大し、そこから富を収奪できた時代であったからだ。
日常生活においてパンが安定供給されるのは、ローマ市民の願望である。娯楽の提供も人間の本能を刺激する施策であった。人間の願望が充足されれば皇帝の人気は上昇するので、為政者はこの施策をやめるわけにいかなかった。たしかにこれらはきわめて大きな政治的効果を発揮した。娯楽の内実はエスカレートし、決闘や競技の残酷性が人気を博し、刺激のある出し物がメインイベントとなった。

観客が生死を決定する

決闘の実態は殺されるのを見るだけでなく、贔屓の決闘士がどのような戦いをするのか、それが目的と化した。現在のスポーツの応援という感覚である。というのも、観客は敗者が健闘をした場合、死を免ずるコールをしたからである。

たとえばマルタン・モネスティエの『図説　決闘全書』には、帝国剣闘士養成所出身の有名な剣闘士フラマの勝敗記録が載っている。「三四回の闘いのうち勝利が二一回、決定せずが九回、〈許し《ミッシオ》〉すなわち負けて観客の寛大さにすがらざるをえなかったことが四回となっている。四〇回以上、さらには五〇回もの試合

コロッセウムの廃墟

コロッセウムの剣による決闘と観客

の中で、何度か敗北を喫した者もある。観客は立派な振る舞いをした剣闘士にはむしろ許しを与える傾向にあったわけだ」（大塚宏子訳）とある。ただ観客がいつもこうあるわけではなく気まぐれで、敗れた決闘者に対し、惨殺を要求することもあった。

為政者は壮大な競技場を建設することによって、その威信を誇示することができた。しかも気候に左右されることなく見物できる施設は、競技の進行にとって重要なことであった。そのため古代ローマのコロッセウムが後に巨大競技場や、現代のドーム球場などの建設に受け継がれていくのである。

コロッセウムという巨大な劇場装置は、主催者、観衆、選手という一種の「三位一体」化した現代の巨大スポーツイベントの原型をなしている。為政者にとっては民衆を満足させるために必要な装置であり、安全なところで見物していた市民にとって、「血湧き肉躍る」娯楽だけでなく、統治の中で鬱積した日常のルサンチマンを発散させる機会であった。決闘に登場する戦士たちにとって、それは勝利の栄光と賛辞、生き残りをかけての戦いそのものであった。これら三者三様の思惑が融合して熱狂を生み出した。

これはきわめて野蛮なものであったが、結局、三八〇年にローマ帝国がキリスト教化されてから、皇帝も決闘に批判的になり、パンの提供の滞りも相まって、決闘は衰退していった。しかも強大であったローマ帝国は三九五年に分裂し、崩壊していった。まるで退廃的な決闘がローマ帝国をむしばみ、その崩壊の引き金になったかのようである。決闘の終焉も古代オリンピック終焉も奇しくもキリスト教が絡んだものであった。

3　都市の広場とエンターテインメント

イタリアのパリオ

イタリアのパリオという市中競馬がエンターテインメントとして有名である。記録には一三世紀に始まったとされ、有名なのはフィレンツェのメディチ家が主催したパリオであった。財力にモノをいわせ、高額の賞金を出してパリオを実施したので、フィレンツェは熱狂に包まれた。その意味ではパリオは政治支配の意味を持っていた。

その伝統はイタリア諸都市が受け継ぎ、とくにシエナのパリオが知られる。これは町の中心のカンポ広場の石畳に砂を敷き詰め、夏に二回開催された。現在は七月二日と八月一六日に行われている。パリオは聖母マリアの被昇天の祭りに合わせているが、近隣の三地区から一七チームが結成され、広場を三周して速さを競う。これは地域に密着しているがゆえに、異常な興奮のるつぼと化すことが多い。それだけ人びとの関心を惹く祭りとして、キリスト教の祝祭と融合して現在に継承されてきた。

このように地域密着型のスポーツにおいても、競技者、観客、広場がセットになって興奮が生み出されている。そこにはとくに地域性というファクターが加わる。それがスポーツの勝負を増幅し、勝者の表彰と栄誉が熱狂に変容する。この基本構造が、ローカルなパリオを盛り上げるのである。

なおスポーツと広場との関係でいえば、ヨーロッパでは子供たちが広場でサッカーボールを使って遊んでいる。さすがにここでは野球はできない。これが案外、ヨーロッパのサッカー人気と野球の不人気の原点かもしれない。広場とスポーツも深いかかわりがあることを暗示しているようである。

祝祭としてのドラゴン退治

娯楽の少なかった時代の祝祭は、たえずメインの行事にショーが組み込まれ、人びとの関心を惹く構造になっている。ヨーロッパ各都市の祝祭のうち、ドラゴン退治の出し物はたいへん人気のあるものであった。これはキリスト教と密接にかかわり、聖者の勝利を示す図像と結びつく。というのもキリスト教がドラゴンを不倶戴天の敵と見立て、絶えず悪のシンボル化をして攻撃の対象としたからである。もともとそれは聖ゲオルギウス（ラテン語表記、英語では聖ジョージ、ドイツ語では聖ゲオルク）が悪の化身であるドラゴンを退治したという伝説にもとづく。

各都市にはドラゴン伝説が伝わり、通常、聖ゲオルギウスに扮した騎士が、怪物ドラゴンを退治する筋書きになっている。その伝説が都市紋章のシンボルになっているものもいくつかある。たとえばモス

13世紀　ドラゴンを退治する聖ゲオルギウス（ヴェローナ）

モスクワ市章

クワ市もそのひとつである（右ページ参照）。

チェコの国境に近いドイツのフルト・イム・ヴァルトでは、伝説のドラゴン退治が祭りのイベントとして実演される。解説によると、五〇〇年の伝統がある祭りである（フス戦争の時のフス派の侵入をドラゴンと見立てたという説が有力）。八月の野外劇では、市の広場に観覧席が設けられ、長さ一六メートルもある巨大なドラゴンが実際、登場してくる。それは火炎を吐いて威嚇しながら暴れまわる。そこへ聖ゲオルク役が出現する。かれは剣を持って勇敢に立ち向かい、これを屠るのであるが、近年、ドラゴンがハイテク化され、自走で動き回るので、リアリティ満点である。筆者も実物を見学したが、その迫力に圧倒された。この光景を見ると、聖ゲオルク伝説が人びとに好まれ、紋章のモティーフに流入した理由が実感できる。

さらに南フランスのブーシュ・デュ・ローヌ県の都市タラスコンの「タラスク伝説」もそのひとつである。それはタラスコン地方を荒らしまわっていたドラゴン（タラスク）を、聖マルタが手なずけたという故事にちなむ。このタラスク祭は聖ヨハネの日（六月二四日）近くの金、土、日曜に開催される。なお、ドラゴンはタラスコンの東岸を流れるローヌ河の氾濫をシンボル化したものという解釈があるが、いずれにせよ、これは多数の観客を呼び寄せるエンターテインメントである。

革命広場のドラマとしての公開処刑

フランス革命の革命広場には、もともとルイ一五世の騎馬像が飾られていた。革命後これは取り払われ、そのかわりギロチンが据え付けられた。革命派はルイ一六世、マリー・アントワネットらの王侯貴族を捕らえ、その勝利の証しとして、敗者を次つぎとギロチンにかけた。処刑の舞台はよく見えるように一段高く設えられ、ここは文字通り一種の劇場と化した。悲劇の主役、勝利側の脇役だけでなく、見物に駆け付けた多数の観客としての民衆を巻き込み、人びとに強烈なドラマの場面を見せつけた。この一連の流れも、決闘の対決の延長線上にあることがわかる。

かれらを打倒した革命派が使ったギロチンは、一瞬の死を迎えるので、人道的な処刑具だとされたが、だれが見ても恐怖の凶器にかわりない。革命広場の公開処刑は、見せしめとしての威嚇効果を狙った一種のドラマと解釈できる。古代ローマのコロッセウムでも観衆は、敗者の殺害を求めたことがあったが、ギロチンによる処刑は、結果的に民衆が要求した筋書きであって、それを通じて民衆は日頃の鬱憤を晴らした。こうして広場の舞台は一〇〇〇名以上の血を吸った。

革命は最初、封建的な王侯貴族対蜂起した民衆の対決という構図であった。やがてフランス革命は革命派の内部抗争に発展し、ジャコバン独裁の中心人物のロベスピエールも、テルミドール反動によって逮捕される。権力闘争に敗れたかれも、王侯貴族と同様に公開処刑をされた。残酷な血で血を洗う権力闘争は、革命派と反革命派を巻き込み、ドラマは幕となった。革命広場は「コンコルド広場」といわれるようになったが、「コンコルド」(調和)というネーミングは、この歴史に照らすと、皮肉な響きを持っている。しかし劇場型の観客を巻き込むイベントは、正気の沙汰とは思えない熱狂の時空をも生み出すメカニズムも持っていたのである。

ルイ16世の処刑

4　近代オリンピックの視覚化

近代オリンピック精神

古代オリンピックが終了してから一五〇〇年後の一八九六年に、第一回近代オリンピック大会がギリシャのアテネで開催された。アテネという古代オリンピックゆかりの地で近代オリンピックが開催されたのは、大きな意味があった。いうまでもなくこれによって、古代と近代が連続したというオリンピック伝説を作り上げたからである。

近代オリンピック大会は八競技（陸上、水泳、体操、レスリング、フェンシング、射撃、自転車、テニス）の四三種目を競った。規模も小さく、古代と同様に男子だけの二八〇人（資料によって人数が異なるのは、選手登録をしていても出場しなかったからか）が参加した。しかしオリンピックは、一九世紀からヨーロッパで開催されるようになった万国博覧会の亜流とも考えられた面もあった。

それを主導したクーベルタン男爵（一八六三〜一九三七）自身は、肉体と精神の一致という教育的理念と、平和の祭典、アマチュアリズムという理想を持っていた。しかしこのような抽象的な理念はその後、実質的に継承されずに、クーベルタンの友人ディドン神父の言葉と伝えられている「より速く、より高く、より強く」という競争スローガンが独り歩きして、近代オリンピックはメダル獲得競争や、国威発揚の場に変容していった。

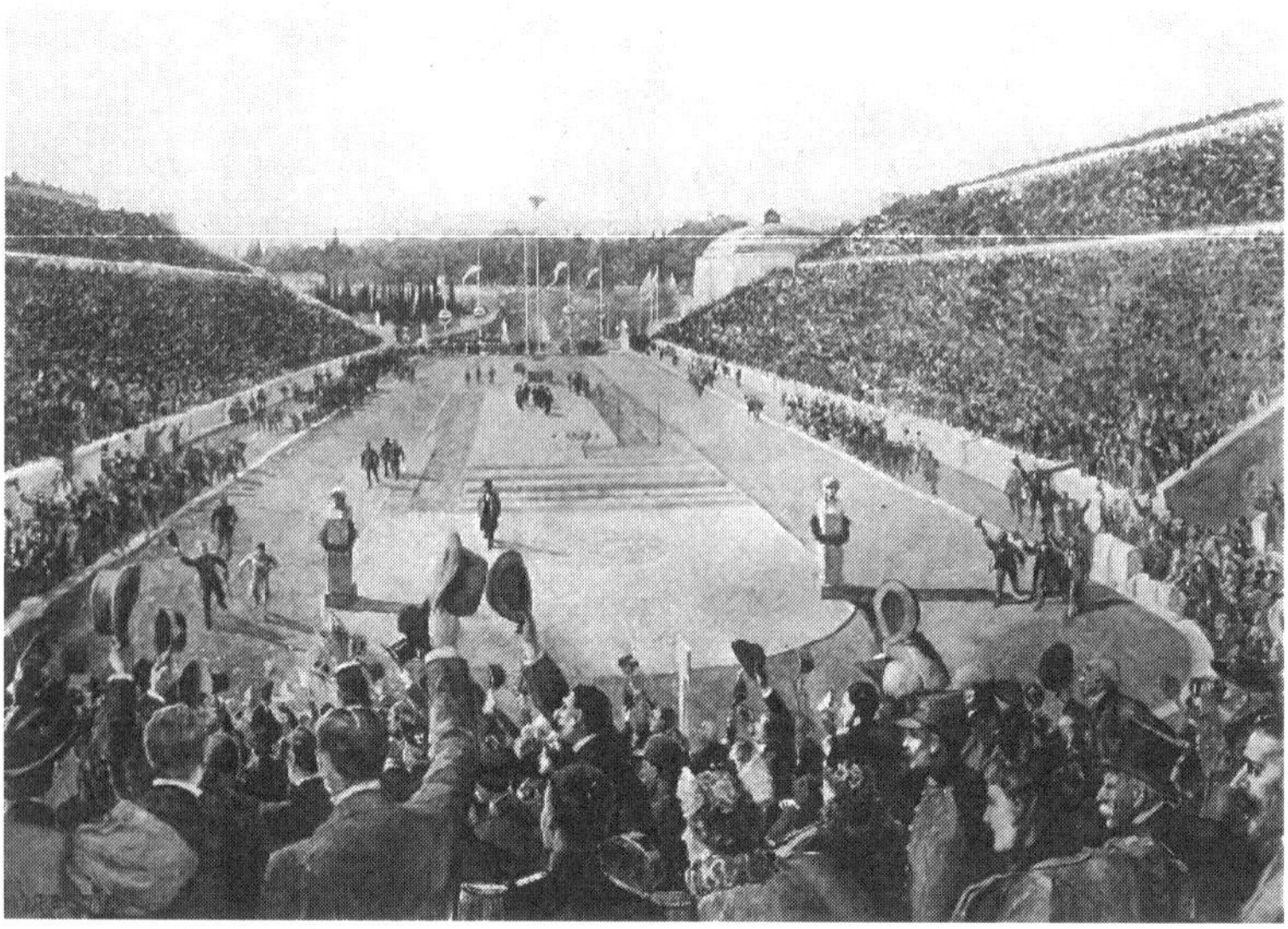

マラソンで優勝したスピリドン・ルイス選手（左側３人のうちの一人 1896）

その嚆矢《こうし》は約四〇キロメートルの距離を走るマラソンであった。第一回オリンピック大会において、無名のギリシャ人スピリドン・ルイスが優勝したので、かれは英雄になり、国中が興奮のるつぼと化した。しかもギリシャの皇太子がゴールを目指してくるルイスに伴走したことも語り継がれた。国の英雄となったルイスであったが、国王からのプレゼントは受け取ったとはいえ、国民が提供するプレゼントをすべて辞退して、それ以降、もはやマラソン大会にもほとんど出場しなかった。一市民として生きたというのは、古代オリンピック選手の矜持を彷彿とさせる爽やかなニュースとして伝説となった。

この当時、スポーツを職業にするという選手は存在しなかった。スポーツがそれほど商業主義化しておらず、しかもその発想もなかったからである。本来はアマチュアがスポーツの原点であるが、この理念に比べると、現代のオリンピックがいかに商業資本と結びつき、大きな変貌を遂げてきたかがわかる。それと同時に、ギリシャ人のルイスに対する熱狂ぶりは、オリンピックが本質的にナショナリズムと結びつきやすいことを暗示しているといえる。

なおマラソンは古代において、マラトンからアテネへ戦勝報告をするために、命がけで走ったことを起源とするとされてきた。ただしマラソンの故事は、歴史的事実ではなく、後にマラソンに注目を集めるために、クーベルタンらがつくったものとされる（桜井万里子他編『古代オリンピック』参照）。

オリンピック競技で多くの優勝を果たしたのは、アメリカをはじめ欧米先進国の選手であった。近代オリンピックはクーベルタンの思惑と違ってスポーツの国際化を促進し、当時の帝国主義の時代の中でナショナリズムを大いに刺激した。それはさらにスポーツの政治化の時代を創ったともいえる。オリンピックの種目に選ばれたスポーツは、グローバル化の出発点になり、その後、スポーツの種目を拡大していったが、人気の点ではそれぞれ大きな差が生じた。

さらにオリンピックで画期的であったのは、一九〇〇年の第二回のパリ大会から女性アスリートが参加したことである。これまでのスポーツの男性主義から女性への門戸開放は、重要な意味を持ち、社会へ女性が進出する運動と呼応するものであった。男性の仕事とされてきた分野への女性の参入は、スポーツの世界でも同様なことを引き起こした。現在の女性アスリートの活躍を鑑みると、スポーツと社会はたえず連動していることがよくわかる。

聖火リレー、伝説の演出

一九三六年のベルリン・オリンピックは、ナチスドイツにとって格好の国威発揚の場となった。最初、乗り気でなかったヒトラーも、オリンピックが国威発揚と強力なプロパガンダの作用をもたらすことに気づき、イベントにのめり込んでいく。ベルリン・オリンピックをもっとも感動的に盛り上げるために、聖火伝説が考案された。かつてのオリンピック選手の体育学者カール・ディームが古代のオリンピアで採った火を聖火とし、ランナーがこれをリレーしてベルリンのスタジアムへ運ぶという一種のドラマの筋書きを作ったのである。

一見するとこれは古代の儀礼伝説の再現のように思える。たしかに聖火そのものを灯す儀礼は古代オリンピアでも行われており、それは主神ゼウスからプロメテウスが火を盗んだという神話に由来するものであった。聖火を再現させるというアイディアは、すでに一九二八年にアムステルダム大会でも導入されていた。

しかし聖火リレーという発想は、ベルリン・オリンピック時に創作されたものである。ただしこれがフィクションであっても、聖火リレーは世界中の人びとに、古代オリンピック発祥の地オリンピアとオリンピック大会の地ベルリンを結びつけるという、わかりやすいメッセージを発信した。聖火リレーは

聖火の視覚化と観衆

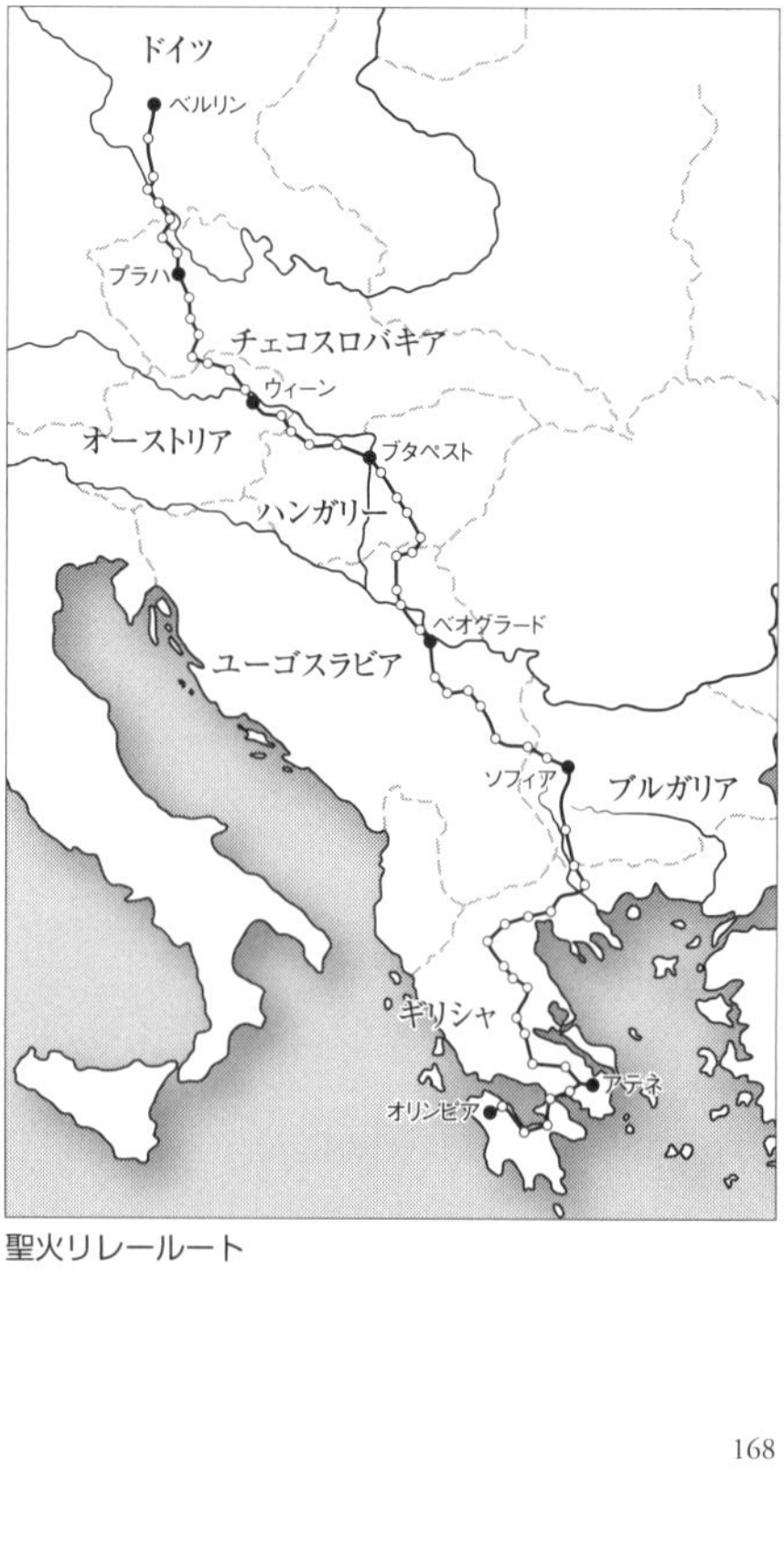

聖火リレールート

一般には当時ラジオ中継され、ルートの沿道では観衆が応援したので、視覚的にもアピールした。その意味でもよく考えられた企画であったといえる。

こうして古代ギリシャと一九三六年のベルリン・オリンピックを結びつけるという構想は、聖火リレードラマに仕立て上げられた。一人が一キロメートルを担当し、合計三四二二人におよぶランナーと見物する観衆を巻き込みながら、リレーは視覚的に実況することができた。これは歴史の連続性を演出する、巧妙なスポーツ化したトリックであった。しかも古代ギリシャの文明を受け継ぐのは、ゲルマン民族であるという神話を新たに創設したのである。

とくにオリンピックのスタジアムで、最終ランナーが聖火台にトーチを掲げ、火を灯すというクライマックスの場面が視覚的に演出された。聖火リレーはオリンピックがすでに舞台、主役、観客という演劇的特性を持つものであることを、強く印象づけるものであった。現在でも古代オリンピック発祥の地オリンピアで採火された聖火をリレーする方式が継承されている。

聖火のクライマックスの最終ランナー、フリッツ・シルゲン

オリンピックと政治

われわれは聖火リレーのルートが十字軍時代から、ヨーロッパのイスラーム討伐の陸上ルートであったこと、さらには、これがその後、第二次世界大戦のナチスドイツのバルカン侵攻作戦（一九四一年四月）において、逆方向でギリシャ占領に利用された歴史を知っているだけに、オリンピアからベルリンの聖火コースは意味深長な政治性を内在させていたことがわかる。またその感動

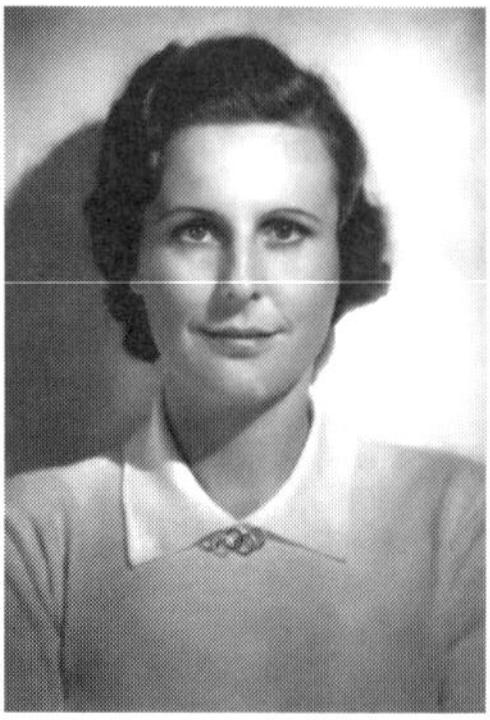
リーフェンシュタール（1933）

ヒトラーとリーフェンシュタール

は、ナチス時代に活躍した女性映画監督リーフェンシュタール（一九〇二〜二〇〇三）による映画『オリンピア』で増幅された。これは『意志の勝利』というナチス党大会の記録映画と合わせて、映画というメディアが強力な政治的インパクトを与えることを実証した。

とりわけナチスの国威発揚の背景にあるアーリア人種優越論は、ベルリン・オリンピックの政治性を強く感じさせるものであった。それに対峙するアメリカは意図的に黒人オリンピック選手を大量に送り込んで、自由主義国アメリカをアピールした。これは見えざるオリンピックの政治的・イデオロギー的対立であった。その構図は第二次世界大戦によって、武力衝突にも連動してしまった。人種論はスポーツと戦争が根っこの部分でつながっていることを見せつける証左である。

さて、オリンピックのあらたなエンターテインメントはその後もいろいろ考案されてきたが、この聖火リレーのアイディアを越えるものはまだない。古代の歴史を再現させるという演出以外に、近年目立つのは、ますます商業主義の巨大なイベントとなったオリンピックの姿であり、開催国の国威の発揚である。そのストーリー性は、しかしオリンピックをゆがめるものとして批判も出たので、現在ではむしろ簡素化する機運が生まれている。

5 「魅惑」のナチス党大会と身体運動

アリーナという舞台

ナチスは中世の雰囲気が色濃く残るニュルンベルクを党大会の拠点とした。会場は一九三三年から本格的に建設され始めたが、設計の中心的役割を果たしたのは、建築家で政治家になったシュペーアであった。党の主任建築家としてかれは、施設において党の威容を高めようとした。次ページの図に示すのは、一九四一年時点における建設途中のニュルンベルク党大会の施設である。党大会の期間中におよそ三〇～四〇万人の参加者の交通を想定して鉄道を敷設し、ドイチェンタイヒとメルツフェルトという二つの駅を設け、臨時列車を増発して会場への便を図った。近くにアウトバーンのインターチェンジが建設された。また多数の宿泊者のためには、仮設の巨大なテント場を設置し、食事も野外の特設場の別食堂で賄った。参加者には補助金が出たので、交通費や食事代の負担はほとんどなかった。

主な施設について、まず図の①がルイトポルト・アリーナであるが、一九三三～三七年にかけて建設された。収容人数一五万人、観客席は五万人であった。映画監督リーフェンシュタールが『意志の勝利』の中で、一九三四年の党大会を映画化した際に、ルイトポルト・アリーナをクローズアップしたので世界的に有名になった。アリーナは左右対称形をしており、水平面での広がりを強調した施設であった。なお図で示したように中央部に幅一八メートル、長さ二四〇メートルの大通り、通称「総統道」②

があった。党大会ではそれを取り囲むように一五万人の制服の画一化した集団が、「総統道」の周辺を固めた。

さて③が比較的小さなルイトポルト・ホールで、一八〇×五〇メートルの広さ、一万六〇〇〇人が収容でき、主として党大会の会議に使用された。以下の党大会プログラム（次ページ参照）にもあるように、ヒトラーがここでワグナーのオペラを聞くのを常としていた。

有名なのが④のツエッペリン広場である。一九〇九年にここで飛行船ツエッペリン伯号が発着したので、このような名前が付けられたが、三六二×三七八メートルの大きさで、北側に三六〇メートルの長さと二〇メートルの高さのスタンドがあった。シュペーアはそのモデルをペルガモン神殿のゼウス大祭壇に求めた。これはドイツ帝国主義の戦利品として、トルコの遺跡からそのままベルリンへ移築したものであった。ツエッペリン広場は三二万人が収容でき、そのうち七万人の観客席があった。

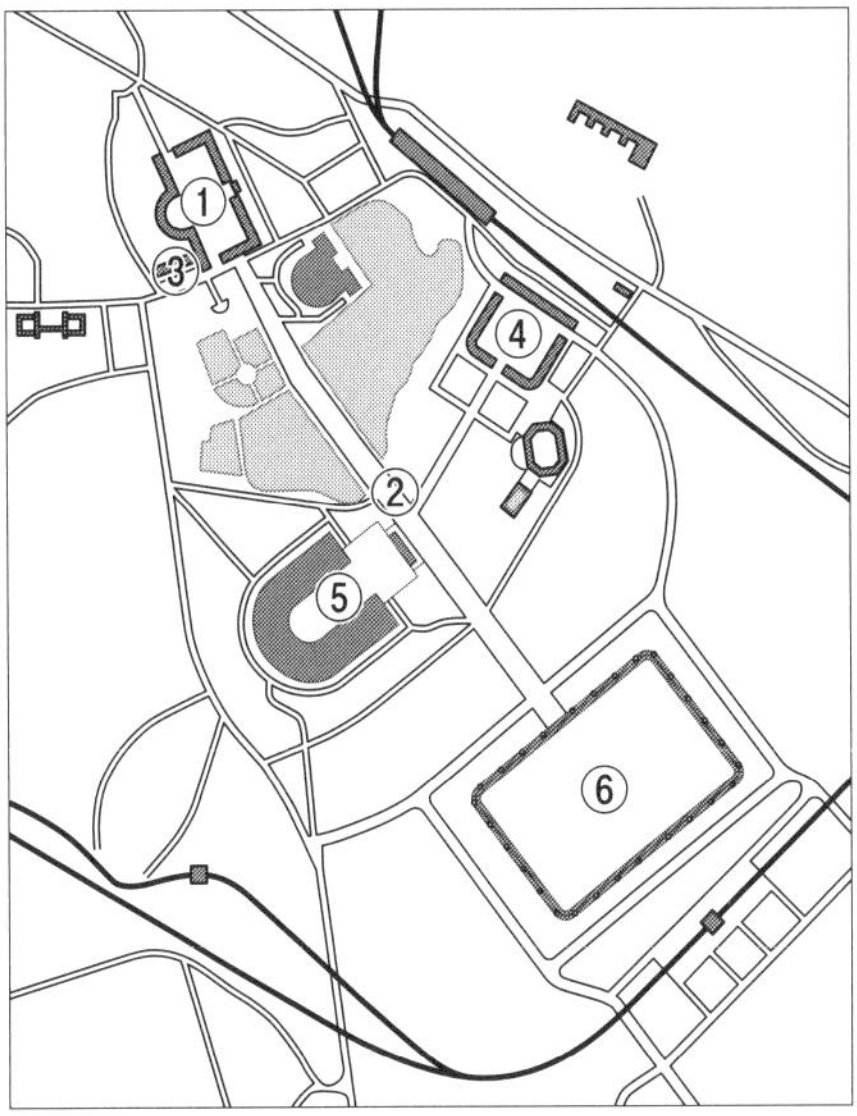

ニュルンベルク党大会会場見取り図（1940）

同様に⑤がドイツスタジアムで、これもシュペーアが立案した。五四〇×四四五メートルの、高さ八二メートル、収容人数四〇万五〇〇〇人の壮大な構想のスタジアムであった。一九三七年八月から着工され、途中まで工事は進んでいたが、一九四二年に戦争のため中断された。⑥のメルツ広場は最大の規模を誇り、六一〇×九五五メートル、二五万人の観客席の構想で一九三五年に着工されたが 一九四三年に広場は未完のまま放置された。

ナチス党大会のプログラム

党大会は当該年のテーマが設定され、前年とまったく同一ではないが、基本的な日程はほぼ同じようなプログラムで進められた。党大会中のニュルンベルクはハーケンクロイツ旗で埋め尽くされ、町全体が異様な熱気で包まれた。この旗は神聖なもので、祝祭の時に多用されたが、勝手に日常生活の中で、個人的に使用することは禁じられていた。

党大会はナチスの祝祭を映画やラジオというメディアを通して、広く一般国民にも知らしめた。「ハイルヒトラー」、「ジークハイル」の挨拶語、「ナチス式敬礼」、党歌『旗を高く掲げよ』、党大会の音楽、行進曲、パフォーマンスなどが人びとの間に定着し、それらはナチス的時代風潮をつくりだす効果があった。ここでディーツフィルビンガー他の『ニュルンベルク・大衆の場所』に依拠して、簡単に党大会のプログラムの概要を紹介しておこう。

一日目　到着挨拶の日　ヒトラーがニュルンベルクへ到着し、民衆の歓迎を受け、定宿「ドイチャーホーフ」に入る。夜、ヒトラーお気に入りのワーグナーのオペラ『ニュルンベルクのマイスタージンガー』を鑑賞する。党員たちもニュルンベルクへ続々結集する。

二日目　党大会開催日　朝、約一五〇〇人のヒトラー・ユーゲントの少年たちがホテル「ドイチャーホーフ」へ行進し、ヒトラーはバルコニーから歓迎に応える。午前中に突撃隊がヒトラーを出迎え、ルイトポルト・ホールへ案内する。そこでワーグナーのオペラ『リエンツィ』を聴く。アリーナでナチス突撃隊の行進が、先頭に「血染めの旗」を掲げながら始まる。ヒトラー代行のヘスが党大会の開会を宣言する。ヒトラーの演説は夜行われる。ヒトラーは昼間ではなく、夜の方が聴衆の感性に強く訴えかけるので、その演説効果を狙ったのである。

三日目　勤労奉仕の日　ツエッペリン広場で勤労奉仕の記念式典が開催される。合わせて党大会のプログラムにそって、ローゼンベルク、宣伝相ゲッベルスの演説が行われる。夜、一万人のナチスのリーダーがたいまつ行列を実施する。

四日目　政治指導者の日　この日の見どころは政治指導者の「厳粛な時間」である。そこには夜、約九万〜一四万人の政治的指導者がヒトラーの眼前のツエッペリン広場に控える。三万本以上の旗が立ち並び、間接照明によって投光器の光が天上に効果的に照らされる。まるで無限のドームのような光景をつくりだす。ヒトラーはナチス至高運動の司祭のように、祝福を与える。

五日目　団体競技・共同体の日　一九三七年からこの日が党大会のプログラムへ追加された。メインの催しは「共同体の日」という名の「一元化」の実演である。体操、乗馬、競走、水泳、模擬戦などのイベント、ヒトラー・ユーゲント女子部の白ユニフォームのマスゲームなどが実施される。アトラクションには娯楽的な企画も多く組み込まれていた（一七七ページ参照）。

六日目　ヒトラー・ユーゲントの日　ナチスは次世代を担う人材養成のためにヒトラー・ユーゲントを重視した。午前中に四万五〇〇〇人のヒトラー・ユーゲントのメンバー、五〇〇〇人の女子部がスタジアムに登場する。ヒトラー・ユーゲント指導者のシーラッハ（一九〇七〜七四）が開会の挨拶をし、その後、ヒトラーがかれらに演説をする。若者たちは詩の朗読や合唱を披露し、ヒトラーに忠誠を誓う。

七日目　突撃隊と親衛隊の日　一〇万人以上の突撃隊と親衛隊がルイトポルト・アリーナに集まり、「民族共同体」のそれぞれを代表してヒトラーとともに、「血染めの旗」を用いて「死者カルト」を行う。そのあと隊列が、ニュルンベルク市内を行進する。多数の観衆がいい場所を確保するために押し寄せる。

八日目　国防軍の日　この日にツエッペリン広場で軍事デモンストレーションが実施される。戦車や航空機、大砲の実演、一万八〇〇〇人の兵士の行進などが繰り広げられる。飛行船ヒンデンブルク号も飛来する。夜、ヒトラーが党大会の総括の演説をする。

党大会と身体運動

ナチスにとって祝祭は、先述のように日常性から脱却するハレの日であって、イデオロギー的にもプロパガンダ的にも、きわめて重要なイベントであった。かれらはナチスの思想を大衆に浸透させるために、党大会を美学的に構成し、人びとを惹きつけてきた。ではナチスの美学とはいったい何であったのだろうか。

かれらは党大会を非個性化した大衆の大量動員によって運営した。そしてマス化した大衆は、一糸乱れぬ整然とした団体の美しさを生み出していった。それが全体主義の政治の視覚化であった。このような構図は、平面化した水平空間によって作り出された。党大会のフィルムをみれば、水平空間が重要な動きをあらわしていることが目につく。旗を掲げ制服を着用した党員の行進は、まるで軍隊が大陸の平原を波状的に進軍しているような印象を与える。それは静止すれば不動のオブジェと化した。しかも参加者は、傍観者でなく自分もその一員として、コミットしているという自覚が生まれた。

次ページ上の写真は、ルイトポルト・アリーナの戦没者廟の三本のハーケンクロイツ旗をバックに、左からヒムラー、中央にヒトラー、右にルッツェが正面の「血染めの旗」に敬礼をしている儀礼である。これは党大会において第一次世界大戦の戦没者、ナチスの首脳、「血染めの旗」、「親衛隊」それを取り囲むナチス党員が同一平面で時間を超越して一体化している光景を示す。この参加型の儀礼は大きな共感を呼び起こすものであった。

ツエッペリン広場も構造的にはルイトポルト・アリーナと類似しているが、さらに先述したようにより広大であった。ただしここでの水平空間は軍事的使用だけではなく、団体美を競う優雅なマスゲームの空間に変貌した。ナチスの美学はヒトラー以外、もはや個は埋没し、全体がすべてを呑み込んでしまう構造になっている。それによって繰り返しになるが、個人主義とは対極の全体主義の空間が出現するのである。ただしその中にも娯楽的要素を組み込んで、大衆を党大会へ惹きつける工夫もした。

党大会での戦死者追悼儀礼（1934）

女性たちのマスゲーム（1938）

6　巨大な劇場型スポーツとカタルシス

スポーツと演劇のカタルシス

　劇場型スポーツの典型例は、オリンピックとサッカーやラグビーなどのワールドカップである。現代のこれらの巨大な企画は、演ずるアスリート、指導する監督・コーチ、観客（テレビやネット、新聞報道を含む）、競技場という構造を持ち、まさしく劇場演劇と同様である。たとえば有名なパリのオペラ座も、演者と観客、劇場の構造を持つ。異なるところは前者には筋書きがないが、後者は筋書き通り演出される点である。観客はスポーツや演劇を娯楽として見物する。娯楽は気晴らしやストレス発散などの機能を持っているけれども、これは単純な気晴らしだけではない。さらに深い反作用が生じるが、それについては後述する。

　このようなスポーツの機能は祭りにもある。古代から人びとは日常の中へ非日常の祭りを組み込み、単調な日常の繰り返しから脱却した非日常世界を作り出した。民俗学では非日常をハレの日、日常をケの日と規定（柳田国男）した。そしてケガレは日常の「ケが枯れた」状態であるので、儀礼（祭り）を行い、病気、死など不浄なものを浄化し、豊穣な世界の回復を願ったのである。祭りのイベントと同様に、スポーツや演劇も類似した作用を及ぼす。すなわち非日常のスポーツイベントも、日常社会の浄化の役割を果たしていると考えられるからである。

古代ギリシャのアリストテレス（前三八四〜前三二二）は『詩学』において、悲劇のカタルシス理論を展開した。すなわち観客が悲劇に感動し、涙を流すのは最終的には、一種のカタルシス（自己浄化）の作用があるからだというのである。そのために人びとは悲劇を見る。したがって悲劇の筋は最大限にカタルシスを生み出す展開にしなければならないという。もちろんカタルシスはポジティヴな意味で用いられ、精神の浄化によって鬱積した不安も解消されるのである。

この理論は連綿と継承されてきたが、二〇世紀になって劇作家ブレヒト（一八九八〜一九五六）が感動を分断させる「叙事演劇論」を対置させ、叙情的な演劇を批判した。すでにナチスの党大会やプロパガンダの情動は、危険なファシズムや政治運動に利用されたからである。ブレヒトにすれば無批判に感動すれば、体制に組み込まれるので、情緒的感動を抑制する「叙事性」を演劇に取り入れるべきであると主張した。たとえば劇中に口上役を登場させ、問題提起をするとか、多様な「叙事性」の装置を考案した。それにもかかわらず、アリストテレスのカタルシスの伝統は現代でも、主導的な演劇理論とみなされている。

筆者も演劇のこのカタルシス理論は観客の多くに受け入れられ、そのために観劇が存在するので、アリストテレスの悲劇論は有効だと思う。この典型例は、さらにスポーツの熱狂の分析にも応用できるのではないだろうか。もちろんスポーツは悲劇ではないが、人びとを感動させ、その世界へ没入させるドラマ性を持っているからである。観客は実際に体を動かすわけではない。しかしかれは脳の中でアスリートと同化し、精神的に一体化している。そして同じ感激、興奮を覚える。これによって観客の鬱積したストレスも解消される。それほど劇場型スポーツは熱狂からカタルシスを生み出す強力な同化作用を持つ。

たしかにスポーツは感動を生み出すドラマである。しかしその結果、熱中が引き起こすカタルシスは両刃の剣の側面を持っている。一方では健全な社会的カタルシスは、非日常性の空間を作り出し、日常のストレスや憂さを発散させるポジティヴな作用がある。だから人びとはスポーツに熱中するのである。他方、その熱中から生じるカタルシスは、感情の発露であるので、政治と結びつけられると大きな反作用も及ぼす。われわれはすでにそれをナチスの党大会で分析してきたが、さらにその情動は、リーフェンシュタールの『意志の勝利』の記録映画を見れば、現代でも十分追体験することができる。

熱狂とナショナリズム

スポーツが生み出す熱中は、直接的には現場で暴走することがある。たとえばスポーツに付きものの熱烈なサポーターが存在する。ヨーロッパではサッカーのフーリガンが有名であるが、それは時として行き過ぎた暴動に発展する。きっかけは飲酒や審判に対するジャッジの不満があるにせよ、根底にはフーリガンの置かれている日常社会の矛盾がある。これはもちろん一時的な感情の発散である場合が多く、背景に政治性があることは稀である。

しかし国際化した劇場型のスポーツは熱中やカタルシスだけでなく、ナショナリズムを生み出しやすい。さらにそれだけでなく、黒人選手を巡る人種問題にも発展することがある。ナショナリズムや人種問題は情緒的なものであるが、本質的にはゲームの終了後、消滅する傾向が強い。しかしそうではなく、それを政治と人為的に結びつける人がいる。為政者はその感情に焦点を合わせ、国民の結束をはかるために、たとえばオリンピックのメダルランキングを、国威発揚のために政治利用することもありうる。

本来のオリンピックは国家間の競争ではなく、個人の運動能力の競争であったにもかかわらず、その精神がナショナリズムに転換され、さらに国家間のメダル競争から国家によるドーピングすら生み出す。これは政治とスポーツの親和性から生まれる現象である。スポーツとナショナリズムを直接的に結びつけた典型例は、すでに触れたナチスのベルリン・オリンピックであった。近年でも国際的なスポーツ試合において、特定国をターゲットにして、政治活動やヘイト運動に結びつける事例も起きている。

本来のスポーツにおける公平なルールにもとづく人間のチャレンジは、その出自も問わない、人種も問わない個人的なものであった。パラリンピックの精神はスポーツに対する重要な問題提起を投げかける。ハンディを配慮し、スポーツマンシップを称える昨今のこのような潮流は、過度のナショナリズムを排除し、スポーツの原点を示すものである。

人間という原点に戻れば、ヒーローは国家を超越し、人種差別の感情も溶かす。また障がい者との垣根も取り払う。たしかにスポーツはナショナリズムとコスモポリタニズム、プロとアマチュア、ヒロイズムと敗者、極限のトレーニングと遊びなど、矛盾する両極をわれわれに見せつける。その意味において、闘いの変形であるスポーツをもう一度考え直す必要があろう。

近年の日本における国際化の流れの中で、ルーツを異にするアスリートの活躍が著しい。テニス、陸上短距離、バスケットなどで大活躍するかれらが増加したのは、必然的なそして好ましい傾向である。これはスポーツの人種論を溶かす、多様化した時代の兆候といえる。さらに最近、特徴的なのはラグビー・ワールドカップの外国出身者の枠の柔軟な規定である。全日本の約半数の外国出身の選手は、従来の日本人枠の拡大であって、スポーツと国籍に対して問題提起をした。このような傾向は新しい時代の潮流であり、近未来のスポーツのあり方を示すものでもある。

エピローグ　決闘の美学・スポーツの美学

身体の美学

芸術家、建築家はモノを通じて究極の作品を制作し、美の極致を形象化してきた。本書のテーマである決闘とスポーツは、同様に身体を通じてその究極の美学を追究してきたといえるであろう。しかし決闘の美学とスポーツの美学は、裏と表の関係にある。というのも前者は決闘を容認する者しか賛美せず、通常、影の闇の世界の中へ押し込まれてしまったままにされてきたからである。多くの決闘を否定する人からいわせれば、決闘の美学は馬鹿げた妄想であり、もともと美学と無関係な愚かで無価値なものにすぎないからだ。それだけではなく、武器を持って決闘すること自体、反ヒューマニズムな野蛮行為として断罪されるものである。

それにもかかわらず、決闘の歴史はたえず人びとを魅了してきた。たとえそれがフィクションとして文学作品の中で描写されても、人びとの関心を惹くものであった。決闘する勇気、その重圧に耐え抜く力、人間の極限にいたる心理、そこから生み出される死の恐怖心に打ち勝つ力などが要求される。多くはエリートとしての貴族、将校同士の対決であったので、決闘はノブレス・オブリジュを発揮する場であった。たしかに勝者は自尊心や名誉心が満たされるが、それでも敗者の死傷がトラウマになって、そのストレスにも耐えなければならない。さらに敗者は自分の運命だけでなく、身内の人生を狂わせてしまう。

これに対し、スポーツの美学はアスリートが誰しも追い求めてきた表の世界である。ただしそれは、体操やフィギュアの美技、団体競技の美しさという限定された狭義の美ではない。スポーツの根底を貫く身体を極限にまで鍛錬し、血のにじむような努力の末、勝ち取る勝利の栄冠、闘争心、克己心、名誉、自尊心、敗者を称えていたわるこころなど、諸々の感情が入り混じったスポーツマンシップ、それを美学という。

勝者だけではなく、全力を出し切った敗者の美学も存在する。スポーツという闘いは、それゆえ人びとを魅了し、感動させるものである。それはアスリートだけでなく、観客にとっても大きな反作用を及ぼす。それがなければ、現代社会においてスポーツがこれほど普及するわけがない。メディアにおいても新聞、テレビ、インターネットでも、スポーツは別枠をとって報道され、スポーツマンシップは日常生活においても不可欠なものとなっている。

では決闘の美学とスポーツの美学の共通項はあるのだろうか。これまで見てきたように、両者は同じ系譜に位置づけられるので当然、共通項は存在する。それは人間の闘争本能であり、本質的に人間のDNAの中に組み込まれているものである。肉体を通じて演じられる美学は、身体が第一義的であるが、さらに精神や社会を内包した構造を持っている。この身体論は、これまで自然科学の医学・生理学の研究分野であったが、現代ではスポーツ文化論、スポーツ社会学の領域といえるであろう。

その視点に立てば、決闘やスポーツは、美的要素だけでなく、肉体や精神、さらに社会と深く関連し、それぞれが表裏一体のものであることがわかる。そうだとすれば、これらの問題は今流行りの反知性主義とも結びつくであろう。この概念をここで持ち出すと唐突な印象を与えてしまうが、一般的に決闘が反知性的であり、スポーツもそれに付随するしごき、暴力的指導、反論を許さない上下関係などの体質を内在させている。

こういえば、スポーツ関係者たちから、それはスポーツと何の関係もない誤解であり、スポーツの本質をゆがめるものだという反論があるだろう。ただし決闘やスポーツが肉体、身体という生身の人間の行為である以上、反知性主義というその本質的な部分に踏み込まざるを得ない。この問題について次項で少し検討しよう。

決闘とスポーツ、反知性主義、ポピュリズムの連鎖

反知性主義はアメリカの歴史学者、ホーフスタッターが用いた言葉であるが、かれは『アメリカの反知性主義』(一九六三)の中で、もちろん「反知性主義」の概念を、身体論と結びつけているわけではない。これは第二次世界大戦後、マッカーシズムを推進した人びとの政治行動分析において、恣意的なデマを根拠に政敵を攻撃する政治手法であるという意味において用いた。すなわち反知性主義は、共産主義を排除するために、議会に「巣くう」左翼をあぶりだすためにでっち上げた政治的立場を指す。

当時、一九五二年にアメリカ大統領選挙において、民主党からは知性派のエリート、アドレー・スティーブンソン候補が、共和党からは将軍アイゼンハワー候補が出馬し、予想では前者が圧倒的に有利とみなされていた。しかし結果はまったく逆であって、アイゼンハワーが圧勝した。一九六〇年の大統領選挙でも同様であった。ホーフスタッターは前者を知性主義者、後者を反知性主義者とみなし、その原因をアメリカの建国時のピューリタンの宗教にさかのぼり、反知性主義を分析している。

ここで反知性主義と政治の問題にこれ以上立ち入ることはしないが、問題は軍人で政治的キャリアのないアイゼンハワーが反知性主義の典型とされている点である。その延長線上において、知性主義と反知性主義を図式的に示すと次のように対比ができるであろう。

知性主義	**反知性主義**
精神的	肉体的
理性	感情（情念）、情動
知の論理	力の論理
熟考	直感
合理主義	非合理主義
思考的柔軟性	固定観念を墨守
啓蒙主義	ロマン主義
コスモポリタニズム	ナショナリズム、郷土主義
デモクラシー	ポピュリズム
都会	地方、郷土
グローバル化	自国第一主義
民主主義	個人主義、カリスマ崇拝
融和	外敵設定

（筆者作成）

ただし反知性主義者を、決して無教養であるとか知識を否定する人びとという意味で用いているわけではない。反知性主義者のキーワードは肉体や身体であり、それは理性の対極の感情、直感、瞬発力、さらに力の論理の範疇に属する。いわゆる情念や情動とも深く結びついている。その根源には理屈抜きの非合理主義があって、これは善悪の概念ではなく、感性面で瞬時に物事の判断をするものである。人間の生来の動物的能力というべきものだが、それは決闘やスポーツだけの領域に閉じ込められたならば、問題はまだ限定される。

ところがわれわれが考察したように、決闘もその傾向があるが、とくに劇場型スポーツでは感動や情動はカタルシスを通じて観客に伝播するというメカニズムを持っている。すなわちスポーツは、その意味で閉じたものでなく、社会性やあるいは政治性を持っているのである。上述の対比表でみれば、個人主義、ナショナリズム、郷土主義とも親近性がある。

エピローグで反知性主義を持ち出したのは、とくに劇場型スポーツが人びとを興奮させ、カタルシスを生み出しやすい傾向があるからだ。繰り返しになるが、もっとも極端な事例では、ナチズムそのものが劇場型の時空を生み、人びとを洗脳していった。総統を擁護する突撃隊や親衛隊は力ずくで反対勢力を封じ込めてきた。さらにナチスはその力の原理のポジ版として、スポーツを政治に徹底的に利用した。ナチズムの本質は、物事を合理的に判断する知性主義とは対極の、典型的な反知性主義である。そのような歴史的な経緯は、本書のテーマと深く関連しているといわざるを得ない。

現代社会のスポーツへの熱狂も究極的には政治と深くかかわっており、両者の間には反知性主義が介在しているのである。それは現代アメリカの事例を見る方がわかりやすい。すなわちスポーツ大国アメリカとトランプ前大統領のポピュリズム、さらに反知性主義は連動しているといえる。もちろんその具体例を個別に検証しなければならないが、もうそのための紙幅もないので、結論だけをいうと、スポーツに熱狂する人びとは大きなマグマを生み出す。それは発信側でも受信側でも、強者の論理にもとづく、直感的、情緒的、直接的、非合理的な特性を持っている。現代政治のアジテーターは、それを政治に連動させるメカニズムを熟知している。かれは直接的利害にかかわる問題、自国中心主義、仮想敵の想定によって、人びとを煽る。しかもそれがＳＮＳ（社会的ネットワーク）を通じて拡散するから、多大な影響を与える。

反知性主義はアメリカだけの現象ではない。ヨーロッパでも反移民のうねりの中で、自国や個人の利害に関心が向き、反ＥＵの潮流が認められる。イギリスのＥＵ離脱、ドイツの「ドイツのための選択肢」、フランスの「国民連合」などもポピュリズムの流れに位置づけられる。昨今のコロナ禍によって、これらがどのような潮流を生み出すのかいささか不透明であるが、ＥＵにおいてもスポーツへの熱狂、反知性主義、ポピュリズムの連鎖が認められる。現代社会におけるスポーツのグローバル化、反知性主義、反ＥＵの立場をとるヨーロッパのポピュリズム運動の連鎖に焦点を合わせると、ヨーロッパが何処へ向かって進んでいこうとしているのか理解できるのである。（浜本隆志）

あとがき

本書の共著者の菅野氏は、ドイツにおけるみずからの真剣を用いた決闘経験をプロローグで披瀝したが、それをかつて『実録　ドイツで決闘した日本人』（集英社新書）として出版した。広告文には「文豪ゲーテ、哲学者ニーチェ、政治家ビスマルクらはもちろん、現在の政財界を担うドイツのエリートの多くが決闘経験者という事実。本書は、武士道にも通じるゲルマン騎士の〈高貴なる野蛮さ〉を具現する決闘文化に迫るドキュメントである」と紹介された。ただし菅野氏が体験した決闘は、プロローグにもあるように、決闘本来の勝敗を決することを目的にしたものではない。それは真剣によって死傷する恐怖を克服し、正々堂々と戦うことによって人間形成をするという趣旨であって、もちろん医者も待機した合法的なものである。

それでも同書は特異な体験本として、大きな反響を呼んだ。多くの読者のコメントは、今どきドイツでは決闘が行われているのかという、一種の驚きの反応である。好奇心はさらに尾ひれが付き、それを増幅させるようなこともあった。たとえば菅野氏は二〇一九年になって、「激レアさんを連れてきた。」というテレビ朝日の番組からオファーがあり、出演した。これは一種のバラエティ番組であったが、やはり大きな話題となった。しかし菅野氏は、日本でいう体育会系というタイプではなく、留学後は大学の教職に就いた。さらにドイツの学生結社ブルシェンシャフトの研究で博士号も取得しており、ドイツの決闘史の研究に造詣が深い。

さて菅野氏から本書の企画を持ちかけられた時、筆者もかつてヨーロッパ文化史の著作に取り組んだ経験から、ヨーロッパ史を決闘という切り口から展開すると、ユニークな本になるのではないかと直感的に思った。しかも決闘の延長線上にスポーツを位置づけると、決闘の問題をさらに歴史的に深く検証できるような気がして、提案に同意した。

本書ではおもに前半のヨーロッパ決闘史の部分を菅野氏が、その延長線上にある後半のスポーツから文化、社会、政治の問題分析を筆者が担当した。もちろん共著であるので、表現の統一だけでなく、論旨のスムーズな展開や全体的な構成のバランスに配慮したつもりである。ただ責任の所在を明らかにするために、分担が分かるように担当者名を文中に記載した。その際、とくに筆者が第五章においてスポーツをドラマとのかかわりから考察し、観客の視点を重視したことについて、奇異に思われる方がおられるかもしれないので、真意を「あとがき」で触れておきたいと思う。

決闘は勝者敗者を決するものであるが、決闘に至るプロセスには人間のドラマがある。その勝者の栄光、満足感、精神の高揚などがある反面、敗者の屈辱感、悲しみが存在する。さらにスポーツも興奮や熱狂を醸成し、勝敗や緊張感がドラマ性を生み出す。これは一種のギャンブルのように人びとを魅了する。スポーツをドラマと見立てる場合、そのもっとも重要なものは観衆という視点である。これまでのスポーツ論はアスリートに焦点を合わせ、その技量を評価するものであったが、たえず観衆を度外視してきた。しかしそれを包括してスポーツをトータルに見ると、決闘とスポーツには第五章で分析したように、多くの問題をクローズアップすることが可能であるように思える。

筆者は若い頃ドイツ演劇論を研究していた。ビューヒナー戯曲、ブレヒト劇は馴染みのある素材であったが、とりわけブレヒト戯曲は上演を重視した。それとのかかわりの中で、アリストテレスのドラマトゥルギーを含めた、カタルシスや叙事演劇理論を第五章に援用した次第である。この是非については、読者のみなさまのご判断に委ねたい。

本書の出版に当たっては、河出書房新社の編集部の渡辺史絵さんに大変お世話になった。コロナ禍という未曾有の事態の中で、変則的になったスケジュールにもかかわらず、本書の意義を認め出版にご尽力いただいた。実際の編集作業では、同編集部の町田真穂さんに大変お手数をかけてしまった。末筆になったが、こころからお二人にお礼を申し上げたい。本書が好事家だけの趣味の対象ではなく、ヨーロッパ史やスポーツ文化論の読み物として、読者諸氏の関心を惹くことができれば望外の喜びである。

浜本隆志

Reitzenstein, A: Rittertum und Ritterschaft, München 1972.
Schild, W.: Die Gottesurteil, in Justig in alter Zeit, Rothenburg 2005.
Schmiedel, H.: Berüchtigte Duelle, München / Berlin 2002.
Schultz, U., Hg.: Das Duell. Der tödliche Kampf um die Ehre, Frankfurt a.M. 1996.
Speitkamp, W.: Ohrfeige, Duell und Ehrenmord, Stuttgart 2010.
Vondung, K.: Magie und Manipulation. Ideologischer Kult und politische Religion des Nationalsozialismus, Göttingen 1971.
Wehler, H-U.: Deutsche Gesellschaftsgeschichte, Bd.1. 1700-1815, München 2006.

図版出典

p12 https://commons.wikimedia.org/wiki/File:Menzura-Korporacja_Sarmatia_2004.jpg

Berücksichtigung des Mensurwesens, Berlin 1898.
Frevert, U.: Ehrenmänner. Das Duell in der bürgerlichen Gesellschaft, München 1991.
Gierens, M.: Ehre, Duell und Mensur, Paderborn 1928.
Gympel, J.: Geschichte der Architektur, Bonn 2005.
Golücke, F.: Kleines Studentenwörterbuch, Köln 2006.
Haupt, H., Hg.: Handbuch für den Deutschen Burschenschafter, 4. Aufl., Frankfurt 1927.
Heither, D.: Verbündete Männer. Die Deutsche Burschenschaft – Weltanschauung, Politik und Brauchtum, Köln 2000.
Hug. S.K.: Straftat ohne Strafe. Zur Rechtsgeschichte der Mensur, in: Einst und Jetzt 50 (2005).
Huhle, H.: Die Entwicklung des Fechtens an deutschen Hochschulen. Ein Beitrag zur Geschichte der Schläger- und der Säbelmensur, Stuttgart 1965.
Jarausch, K.H.: Students, Society, and Politics in Imperial Germany. The Rise of Academic Illiberalism, Princeton 1982.
Jarausch, K.H.: Deutsche Studenten 1800–1970, Frankfurt 1984.
Kaupp, P.: Goethes Leipziger Duell von 1767 und seine Haltung zur Antiduellbewegung, in: Einst und Jetzt 55 (2010), S. 39–48.
Kiernan, V.G.: The Duel in European History. Honour and the Reign of Aristocracy, Oxford 1988.
Kohut, A.: Das Buch berühmter Duelle, Berlin 1888.
Koschorreck, W. (Komentar und Übersetzunng): Der Sachsenspiegel/Die Heidelberger Bilderhandschrift, Frankfurt am Main 1980.
Krause, P.: O alte Burschenherrlichkeit. Die Studenten und ihr Brauchtum, Graz, Wien, Köln 1980.
Kügler, D.: Das Duell. Zweikampf um die Ehre, Stuttgart 1986.
Kühn, U. u. a.: Bäume. die Geschichten erzählen, München 2005.
Kurth, A.: Männer–Bünde–Rituale. Studentenverbindungen seit 1800, Frankfurt a.M. 2004.
Meyer, H.: Geschichte der Reiterkrieger, Stuttgart 1982.
Möller, S.: Bier, Unfug und Duelle? Corpsstudentische Erziehung im deutschen Kaiserreich 1871–1914, München 2004.
Nipperdey, T.: Deutsche Geschichte 1866–1918, Bd. 1, Arbeitswelt und Bürgergeist, München 1990.
Pedersen, H.: Das Duell in der Frühen Neuzeit, Norderstedt 2006.
Pusch, G.: Über Couleur und Mensur, Berlin 1887.

ハンス＝ヴェルナー・プラール（著)、山本尤（訳）:『大学制度の社会史』法政大学出版局　1988年
樋脇博敏:『古代ローマの生活』角川ソフィア文庫　2015年
藤野幸雄:『決闘の話』勉成出版　2006年
フランツ・キュモン（著)、小川英雄（訳）:『ミトラの密儀』ちくま学芸文庫　2018年
マルタン・モネスティエ（著)、大塚宏子（訳）:『図説　決闘全書』原書房　1999年
三浦權利:『図説　西洋甲冑武器事典』柏書房　2000年
モンテスキュー（著)、野田良之・他（訳）:『法の精神　上・中・下』岩波文庫　1989年
リチャード・バーバー（著)、田口孝夫（監訳）:『図説　騎士道物語』原書房　1996年
リチャード・ホーフスタッター（著)、田村哲夫（訳）:『アメリカの反知性主義』みすず書房　2003年
山田勝:『決闘の社会文化史』北星堂　1992年
ユルゲン・コッカ（編著)、望田幸男（監訳）:『国際比較・近代ドイツの市民』ミネルヴァ書房　2000年

欧文

Baldick, R.: The Duel. A History of Duelling, London 1965.
Baldick, R.: The Duel, New York 1965.
Below, G. v.: Das Duell und der germanische Ehrbegriff, Kassel 1896.
Below, G. v.: Das Duell in Deutschland. Geschichte und Gegenwart, Kassel 1896.
Benz, W. u. a.: Enzyklopädie des Nationalsozialismus, Stuttgart 1998.
Biastoch, M.: Duell und Mensur im Kaiserreich. Vierow 1995.
Bleuler, A. K.: Der Codex Manesse, München 2018.
Brüdermann, S.: Göttinger Studenten und akademische Gerichtsbarkeit im 18. Jahrhundert, Göttingen 1990.
Burkhart, D.: Eine Geschichte der Ehre, Darmstadt 2006.
Dietzfelbinger, E. u. a.: Nürnberg – Ort der Massen. Das Reichsparteitagsgelände – Vorgeschichte und schwieriges Erbe, Berlin 2004.
Eis, E.: Duell. Geschichte und Geschichten des Zweikampfs, München 1971.
Fabricius, W.: Die Deutschen Corps. Eine historische Darstellung mit besonderer

主要参考文献一覧

邦文

アリストテレース・他（著）、松本仁助・他（訳）:『詩学』・他　岩波文庫　1997年
石川栄作（訳）:『ニーベルンゲンの歌』（後編）ちくま文庫　2011年
岩淵達治:『反現実の演劇の論理』河出書房新社　1972年
カレン・アームストロング（著）、塩尻和子（他訳）:『聖戦の歴史』柏書房　2001年
楠戸一彦:『ドイツ中世後期の剣術と剣士団体』溪水社　2020年
グラント・オーデン（著）、堀越孝一（監訳）:『西洋騎士道事典』原書房　1991年
坂上康博:『スポーツと政治』山川出版社　2001年
桜井万里子・他編:『古代オリンピック』岩波新書　2004年
芝健介:『ヒトラーのニュルンベルク』吉川弘文館　2000年
菅野瑞治也:『ブルシェンシャフト成立史』春風社　2012年
菅野瑞治也:『実録　ドイツで決闘した日本人』集英社新書　2013年
スティーヴン・ビースティ（イラスト）、アンドルー・ソルウェー（著）、松原國師（監訳）:『図解　古代ローマ』東京書籍　2004年
タキトゥス（著）、泉井久之助（訳註）:『ゲルマーニア』岩波文庫　1979年
田中紀行:「ドイツ教養市民層の社会学的考察」、『社会学評論』41⑵日本社会学会　1990年
玉木正之:『スポーツとは何か』講談社現代新書　1999年
中野好夫:『人間の死にかた』新潮選書　1969年
成瀬治・他編:『ドイツ史　1～3』山川出版社　1996-7年
野田宣雄:『ドイツ教養市民層の歴史』講談社学術文庫　1997年
ノルベルト・エリアス・他（著）、大平章（訳）:『スポーツと文明化』法政大学出版局　2010年
浜本隆志:『鍵穴から見たヨーロッパ』中公新書　1996年
浜本隆志:「ナチス時代の祝祭」溝井裕一・他（編）『想起する帝国』（所収）勉誠出版　2016年
浜本隆志:「神明裁判と動物裁判」、『關西大學文學論集』57⑴關西大學文學會　2007年
原求作:『プーシキンの決闘』水声社　1998年

著者略歴

浜本隆志（はまもと・たかし）

1944年、香川県生まれ。関西大学文学部教授を経て、現在名誉教授。ヴァイマル古典文学研究所、ジーゲン大学留学。専攻はヨーロッパ文化論、比較文化論。主要著作『鍵穴から見たヨーロッパ』（中公新書）、『魔女とカルトのドイツ史』（講談社現代新書）、『ナチスと隕石仏像』（集英社新書）、『図説　指輪の文化史』（河出書房新社）、『図説　ヨーロッパの紋章』（河出書房新社）など多数。

菅野瑞治也（すがの・みちなり）

富山県生まれ。京都外国語大学教授。文学博士。ドイツのマンハイム大学留学中に学生結社「コーア・レノ・ニカーリア」の正会員となり、決闘を体験。現在は同会OB会員。専攻は決闘文化論、ドイツ語圏の社会文化史。著書に『ブルシェンシャフト成立史　ドイツ「学生結社」の歴史と意義』（春風社）、『実録　ドイツで決闘した日本人』（集英社新書）などがある。

決闘のヨーロッパ史

2021年9月20日　初版印刷
2021年9月30日　初版発行

著　者　浜本隆志　菅野瑞治也
装　丁　松田行正＋杉本聖士
発行者　小野寺優
発行所　株式会社河出書房新社
〒151-0051
東京都渋谷区千駄ヶ谷2-32-2
電話03-3404-1201（営業）03-3404-8611（編集）
https://www.kawade.co.jp/

印　刷　株式会社亨有堂印刷所
製　本　大口製本印刷株式会社
Printed in Japan
ISBN978-4-309-22829-7
落丁本・乱丁本はお取り替えいたします。